«SAGGI»

ROBERT PERONI
con FRANCESCO CASOLO

DOVE IL VENTO GRIDA PIÙ FORTE

Sperling & Kupfer

DOVE IL VENTO GRIDA PIÙ FORTE

ISBN 978-88-200-5493-9
92-I-13

Le foto dell'inserto sono di Moreno Bartoletti.

A mia figlia Elke che mi ha seguito sempre

Indice

Premessa

Tasiilaq, Groenlandia orientale, marzo 2013

«Robert, cosa fai lì?»

«Robert, Robert!»

«Robert, è mezzanotte, perché non sei a letto?»

«Mi sto preparando, mamma. Sto facendo allenamento, vai a dormire.»

«Per cosa ti prepari? Ma sei pazzo?»

«Non lo so, mamma, mi preparo. Voglio essere pronto.»

«Nostro figlio è completamente matto», dice mia madre a mio padre. Poi si allontanano e io rimango sdraiato a terra, nel salotto di casa, a Bolzano.

Oggi il cielo è limpidissimo. Dalla finestra guardo il fiordo, le casette rosse, i ghiacciai che l'uno in fila all'altro si perdono davanti ai miei occhi. Di tanto in tanto una mamma sgrida il figlio che si attarda a giocare sul sentiero anziché andare dritto a scuola. Per il resto, la conca di

Tasiilaq è immersa nel silenzio. C'è una bella luce stamattina. La lunga notte è ormai alle spalle e ci attende quella che per il popolo inuit è un'unica, ininterrotta giornata: l'estate polare.

Mi sento sereno, in pace. La forza degli elementi mi stupisce ancora come la prima volta.

«Tutto bene, Robert? Hai bisogno di qualcosa?» mi chiede un amico da dietro la porta, mentre sorseggio un buon caffè caldo.

«Sì, arrivo subito, un attimo.»

L'aria è quasi tiepida, dopo settimane di freddo a trenta gradi sottozero e raffiche di vento fortissime. C'è qualche perdita nel soffitto della cucina e si è rotto il tubo dell'acqua calda in bagno, ma la casa ha resistito. Un altro inverno sta per passare. La temperatura sale, me ne accorgo dal colore del ghiaccio nel fiordo e dalle barche che via via sembrano sollevarsi dall'acqua e scivolano avanti e indietro, impercettibilmente.

Ci vorrà ancora tempo prima di poter uscire in mare. Nell'attesa, un cacciatore si prepara a partire a piedi. Attorno a lui, un gruppo di bambini lo aiuta a caricare il necessario sulla slitta.

Adoro fare due passi al porto in giornate come questa.

Esco e saluto un amico che cammina reggendo il figlio neonato sotto l'ascella per tenerlo al caldo. Mi viene incontro, appoggia la sua narice sulla mia e mi annusa forte, come usa qui. Per sentire l'anima, dicono gli inuit.

Faccio lo stesso con lui.

«Ciao, Robertì, sei forte oggi, lo vedo», mi dice tutto allegro.

È gentile, sa che pochi giorni fa ho rischiato di morire sulla soglia dell'ufficio, sbattuto a terra dal vento. Sono rimasto diversi minuti a mollo nella neve, non riuscivo a rialzarmi. «Robert Peroni, esploratore e alpinista dell'estremo, muore a pochi metri da casa»: sarebbe stato un necrologio quantomeno bizzarro dopo una vita passata a battere deserti e scalare montagne.

Ormai ho quasi settant'anni, non sono più un ragazzino e neppure l'uomo che a quarant'anni ha deciso di trasferirsi qui, di ricominciare una nuova vita in un Paese tanto ostile quanto meraviglioso.

Il viaggio è quasi terminato, lo so, e mentre me lo ripeto mi convinco che il tragitto fino qui è iniziato nei tardi anni Cinquanta, con quel ragazzino che voleva dormire per terra nel salotto di una bella casa di Bolzano. E neanche per un istante riesco a fargliene una colpa.

1
Come un padre a suo figlio

Dicono che se non si comincia da bambini, non si impara mai ad andare in kayak.

La Groenlandia e io ci siamo trovati, ora lo so. Spesso ci accorgiamo di qualcosa solo quando qualcuno, magari anni più tardi, ce lo fa notare. D'un tratto capiamo il senso delle nostre azioni, che fino a quel momento ci era sfuggito.

All'inizio degli anni Ottanta, quando per la prima volta ho messo piede su quell'isola enorme, il popolo inuit stava vivendo una difficile transizione verso una modernità che non aveva chiesto, né desiderato, e io continuavo a domandarmi: Cosa ci faccio qui? E con «qui» non intendevo il gelo artico, ma la mia famiglia, la mia vita di tutti i giorni e, in generale, qualsiasi cosa mi riguardasse.

Ecco, avevo bisogno degli inuit, e forse loro avevano bisogno di me. Però non ci conoscevamo e, lo giuro, in Groenlandia non ci volevo neppure andare.

«E che ci andiamo a fare?» avevo chiesto un po' di

malumore a quelli dello sponsor, che mi proponevano di guidare una spedizione che girasse in lungo e in largo per la Groenlandia e battesse il record di permanenza di un gruppo di alpinisti.

«A fare il suo lavoro, Peroni. Scoprire nuovi posti, testare nuovi materiali. Abbiamo sci incredibili da farle provare. Vedrà che ci pregherà di partire dopo averli usati.»

Fino ad allora avevo trascorso la mia vita a cercare il passaggio giusto tra una parete e l'altra, a scegliere l'itinerario che mi avrebbe permesso di portare a casa la pelle, ma adesso, arrivato a quarant'anni, ero disorientato. Non capivo dove stavo andando. Ero abituato a guardare la bussola, a leggere le stelle, a riconoscere il pericolo dal rumore della neve, ma questo era un percorso molto più accidentato. E completamente nuovo.

La prospettiva della Groenlandia mi attraeva pochissimo. La immaginavo come una fotocopia ingrandita delle Isole Svalbard, nel Mare Glaciale Artico, dov'ero andato negli anni Sessanta. Era stata la mia prima spedizione internazionale dopo la fase, diciamo così, «alpinista-spontaneista», in cui ero io a scegliere che cosa fare.

Avevamo passato quasi due mesi in quell'arcipelago. La squadra era composta prevalentemente da alpinisti e scalatori, non c'erano né geografi né geologi: non dovevamo studiare niente, tutto quello che ci veniva chiesto era camminare come matti e scalare più vette possibile. Ognuno aveva la propria slitta con sopra tutto il necessario, dalla tenda per la notte al fornelletto per cucinare, dal coltellino alle scatolette di cibo.

Allora avevo poco più di vent'anni, e in quel periodo ero pazzo per gli sci: l'idea di dover salire ogni mattina su un ghiacciaio, arrampicare pareti ed escogitare il modo di scendere senza rompermi il collo mi entusiasmava. Alle Svalbard era tutto nuovo, anche gli animali: mi ricordavo di un orso bianco che era passato velocemente a qualche metro dal campo, e dei trichechi che si tuffavano giocosi nelle acque gelate. Ma di fronte alle pressioni dello sponsor – «Dovete dimostrare che si può resistere per più di quattrocento chilometri nell'entroterra groenlandese» – non mi tornava in mente altro che il grigio persistente del cielo, le nuvole basse e un'umidità che ti entrava nelle ossa.

«D'accordo, ci penserò», avevo risposto per tagliare corto. Più che per prendere tempo, era un modo gentile per far capire che non ero interessato.

Quello che da giovane mi era sembrato un obiettivo esaltante – salire su montagne inesplorate, dare nomi a vette che forse nessuno aveva mai calpestato – adesso era poco più che una trappola. Mi sentivo un topino ammaestrato che aveva imparato a conquistarsi il suo tocco di formaggio andando avanti e indietro nella gabbietta. Che senso ha? mi chiedevo.

Le ultime spedizioni mi avevano lasciato l'amaro in bocca: sponsor opprimenti, una nuova generazione di esploratori sempre più atleti e sempre meno montanari, finanziatori che esigevano risultati, un'atmosfera di amicizia che si guastava al primo accenno di protagonismo da parte di qualcuno, e io costretto a fare da paciere. Ero stufo.

Non ero più il giovane Peroni che voleva affermarsi e

battere record a tutti i costi. Avevo sempre criticato i miei colleghi che agivano con spirito da collezionisti – adesso un ottomila, poi un deserto inesplorato e forse una traversata polare – ma ormai in quel meccanismo c'ero finito anch'io. Terminata una missione bisognava trovarne subito un'altra più nuova, più spettacolare, più estrema, come piaceva agli sponsor, che dovevano assicurarsi un buon ritorno pubblicitario. Tutto questo aveva senso dal loro punto di vista: loro facevano impresa, ma io? Volevo fare l'esploratore e invece mi ritrovavo a fare il piazzista.

Seduto sul divano di casa mia, mi chiedevo che cosa rispondere riguardo alla Groenlandia. Dovevo andarci oppure era arrivato il momento di dire basta?

Che alternative avevo? Tornare a casa, indossare camicia e cravatta e ripartire da una vita più normale?

Ero abituato troppo bene: per anni ero vissuto all'avventura, guadagnavo tanti soldi e le aziende mi cercavano per offrirmi nuovi ingaggi. Frivolo e sciocco quanto si vuole, ero comunque affezionato all'immagine di me al rientro da una grande impresa, con la pelle bruciata dal sole e dal vento, la sensazione di forza e agilità che dà la vita all'aria aperta.

Smettere avrebbe significato dare ragione a tutti quelli che mi dicevano: «Cresci Robert, hai una moglie, una figlia... Quando la pianti di giocare all'eroe?» Avevo vissuto intensamente per vent'anni, e non avevo mai immaginato che la mia vita potesse perdere di senso ai miei stessi occhi. Che cosa diventava un esploratore senza esplorazione?

Ero confuso. Ma quelli dello sponsor avevano trovato

la chiave giusta: quel record sul suolo groenlandese non poteva essere battuto, avevano ripetuto una volta di troppo, le temperature non permettevano di sopravvivere. E il vecchio Robert era tornato a farsi sentire, facendone una questione di principio: se tutti dicevano che non si poteva resistere nel cuore della Groenlandia per più di quattrocento chilometri, allora noi ne avremmo fatti almeno mille. Insomma, era diventata una sfida.

«Ho già in mente gli uomini che potrei portare con me», avevo comunicato un paio di giorni dopo.

«D'accordo, noi siamo pronti, ti aspettiamo.»

Il tizio dello sponsor non sembrava sorpreso che avessi cambiato idea. Come quasi tutti gli escursionisti dell'estremo di allora, anch'io ero un «drogato». Di adrenalina, ma pur sempre drogato. E lui lo sapeva.

Nel giro di qualche settimana avevamo messo a punto il programma, formato la squadra, studiato nei dettagli il territorio e definito l'itinerario. Poi eravamo partiti.

La prima immagine della Groenlandia è quella della mia squadra intenta a preparare il campo. Ho gli occhi bene aperti, le orecchie tese e avverto la consueta eccitazione che si impossessa di me nei giorni precedenti alla partenza. Ho sempre amato studiare i dettagli, prevedere i rischi, e poi, una volta in viaggio, avvertire il mio corpo e la mia mente predisporsi alla missione accantonando le preoccupazioni.

A un certo punto, mentre siamo indaffarati intorno

alle tende, spunta un uomo, un cacciatore, che attracca la sua barchetta. Non ci saluta, né fa alcun segno verso di noi, va semplicemente a sedersi a pochi passi dal nostro piccolo campo. Lo ricordo molto bene, perché fino a quel momento non avevo mai incontrato un inuit: era alto circa un metro e quarantacinque, o poco più; un po' rotondetto, con tratti asiatici.

Lo guardiamo, in attesa di un cenno da parte sua: in questo spiazzo enorme che dà su un piccolo fiordo ci siamo solo noi e lui, nessun altro. È come quando incontri uno in cima a una montagna: una parola bisogna pur scambiarsela. Ma non succede niente, il ragazzo guarda il mare e noi guardiamo lui, insistentemente, quasi dovessimo attirare la sua attenzione.

«Robert, sei tu il capo, vai a parlarci», mi suggerisce uno della squadra.

«Non so, è lì così tranquillo...» obietto.

La cosa strana è che tiene lo sguardo rivolto verso il mare in maniera ostentata, come per dirci che la nostra presenza gli è del tutto indifferente. Se allora sapevo poco della Groenlandia, conoscevo ancora meno il suo popolo.

«Vai a presentarti, forza», insiste un mio compagno.

Il mare è abbastanza calmo, e di fronte a noi passano lunghi lastroni di pack e iceberg luccicanti che spuntano dal pelo dell'acqua.

Mi avvicino a piccoli passi e mi fermo a pochi metri da lui. Getto un'occhiata alla barchetta a motore in vetroresina. Sul fondo è appoggiato un fucile da caccia a pallettoni grossi. Naturalmente, l'uomo si accorge della mia presenza, ma continua a guardare altrove. Quando mi avvicino ancora un paio di metri, si alza, va verso la barca, slega la cima, mette in moto e riparte. Strano, penso, mentre ritorno dai miei compagni scuotendo la testa.

«Che cosa ti ha detto?» mi chiedono gli altri.

«Niente, se n'è andato», rispondo, di nuovo concentrato sulle cose da fare.

Ventiquattr'ore dopo, all'improvviso, vediamo spuntare in fondo al fiordo una serie di piccole barche. Attraccano tutte, e in un attimo ci ritroviamo davanti alcune persone che vogliono salutarci. C'è anche il tizio del giorno prima, che questa volta guarda verso di noi, perfettamente a suo agio. Sono molto gentili, ma è una gran fatica capirsi, quindi sorridiamo molto e parliamo poco. Loro si muovono, parlano e sorridono in un modo mai visto prima, sono particolari ma affatto antipatici. Immagino pensino lo stesso di noi: siamo all'inizio degli anni Ottanta, e qui di turisti devono averne visti pochi. Questa è la Groenlandia orientale, la zona più fredda perché attraversata dalle correnti polari, mentre nella costa occidentale il clima almeno è mitigato dalla corrente Irminger, un ramo di quella del golfo.

I nostri visitatori ci osservano curiosi e cominciamo a fare amicizia: mangiamo insieme, giochiamo a pallone con i ragazzi, alcuni giovani inuit suonano la chitarra, le donne ci invitano a ballare.

La sera, dopo avere salutato dalla riva le barche dirette

al villaggio, ci accorgiamo che hanno lasciato indietro un ragazzo. Forse era rimasto in giro, o forse si era addormentato, sta di fatto che loro se lo sono dimenticato e noi non abbiamo barche per accompagnarlo.

«E adesso come facciamo?» dico agli altri.

È agosto, c'è ancora moltissima luce ma la giornata è finita, la temperatura comincia a scendere e il ragazzo indossa solo un paio di scarpe da ginnastica e una T-shirt.

«Cos'è successo? Perché sei rimasto qui?» gli chiedo.

Mi rendo conto che non capisce: osserva attento le mie mani muoversi come uno che non ha mai visto niente di simile in vita sua, ma non coglie la mia preoccupazione. Provo a dargli qualcosa per coprirsi, ma lui la rifiuta, così come rifiuta il cibo che gli offriamo. Adesso è lui che tenta di spiegarmi qualcosa a gesti, muovendo le dita, ma capisco solo che per lui non c'è nessun problema e in qualche modo se la caverà.

Sono contrariato. «Ma come diavolo è possibile», mi sfogo con i miei compagni, «come ci si può dimenticare di un ragazzetto in un posto del genere?»

Mi arrabbio, ma in realtà c'è qualcosa che non mi torna. È strano, lui è troppo tranquillo. Incarico uno dei miei di occuparsene, di controllare che stia bene.

Mezz'ora dopo mi avvertono che il ragazzo se n'è andato.

«Perché l'avete lasciato andare? Siete matti?» dico alzando la voce. «Non vedete che è pericoloso?»

Mi spiegano che l'hanno perso di vista un attimo e che due minuti dopo l'hanno visto arrampicarsi su per la collina e poi sparire dietro una roccia.

«Ma c'è un ghiacciaio, come fa?»

Mi chiedo come possa affrontare un tragitto di almeno una decina di ore a piedi, sulla neve, in maglietta e scarpe da ginnastica, e senza niente da mangiare. Dobbiamo andare a prenderlo. Mentre mi organizzo per corrergli dietro, in lontananza vedo arrivare di nuovo le barche.

«E adesso che cosa succede?» domando ai ragazzi.

«Strano, stanno tornando.»

Vado incontro agli uomini, furioso: spiego che il ragazzo se ne è andato e si sta facendo tutta la strada da solo, sulla neve.

Quelli mi guardano e ridono come matti.

«Avete capito che cosa ho detto?» chiedo loro con tono sempre più infastidito, mimando prima il ragazzo, poi la montagna, le scarpe da ginnastica, la T-shirt. Insomma, faccio capire che non è affatto divertente. Loro, per tutta risposta, ridono ancora di più.

«E poi non ha niente da mangiare», aggiungo.

«Per un giorno?» mi chiede uno, suscitando il buon umore di tutti.

«Ma ha solo un paio di scarpe da ginnastica, ci sono due ghiacciai da attraversare.»

«Figurati, nessun problema», continua uno di loro.

Ridono. In realtà *sorridono*. Non mi prendono in giro, semplicemente non capiscono perché sia tanto agitato.

«Bene, non c'è da preoccuparsi, ok, però adesso prendiamo le barche e gli andiamo dietro. Io il ragazzo non lo lascio», insisto.

Comprendono che non sono disposto a cedere e che sarò tranquillo solo una volta che l'avrò riportato al sicuro.

Usciamo dalle tende, saliamo sulle piccole imbarcazioni e costeggiamo nella speranza di avvistarlo. Io uso il binocolo, loro guardano a occhio nudo, con l'aria di chi lo fa per farmi contento.

Giriamo intorno a tutta la penisola, poi uno di loro mi indica un puntino che si muove in cima alla montagna. Inizio a gridare, e loro mi imitano. Il ragazzo finalmente ci vede, si ferma e guarda giù. Gli fanno segno di scendere, io inorridisco: è una follia attraversare con le scarpe da ginnastica quel canalino ripido.

Nel giro di qualche secondo intravedo la sagoma del ragazzo, che nel frattempo si è precipitato lungo la discesa stretta e scivolosa, apparentemente a suo agio. Cammina nella neve fresca, ogni tanto affonda e poi riprende sicuro la sua marcia.

Io li guardo, come fa la gente che ha paura dell'aereo con le hostess per capire se c'è qualcosa da temere. Tutto quello che vedo, però, è il sorriso con cui si preparano a prenderlo in giro. Il ragazzo arriva, non sembra arrabbiato e scherza con gli altri.

Non so che cosa pensare.

«Dai, Robert, vieni con noi. Il nostro villaggio è vicino», mi dice uno di loro.

In lontananza avverto un rumore impressionante: saranno le due di notte, non si vede niente, nessuna casa, non capisco che cosa possa essere. Pochi istanti dopo mi accorgo che sono cani: il loro latrato spezza il silenzio della notte e l'incanto della natura incontaminata. La luna riflette sui ghiacciai e sui nostri volti provati da una giornata che sembra non finire mai.

Superato uno scoglio vediamo finalmente gli animali che, venuti ad accogliere i padroni, saltano festosi.

«Vieni a mangiare da noi, Robert», mi invita uno.

«Ti voglio presentare la mia famiglia», mi dice un altro.

Mangiamo carne di foca e un po' di pesce, l'halibut. Continuiamo a scherzare senza riuscire veramente a comunicare, poi ci mettiamo a dormire per terra.

«Ma perché avete lasciato lì il ragazzo?» chiedo la mattina dopo al mio ospite.

Il vento grida forte, fa freddo, ci sono almeno dieci gradi in meno del giorno precedente. Forse l'estate è già finita.

Lui sorride, indica i ghiacciai davanti a noi, pezzi di ghiaccio che scorrono sul pelo dell'acqua, un uccello marino che vola sopra le nostre teste alla ricerca di una preda.

Mi guarda come per dirmi: Adesso hai capito?

No, non ho capito, penso, e continuo a fissarlo in attesa di una spiegazione che però non arriva.

Torno al campo, ci sono ancora parecchie cose da sistemare. Con la missione iniziano i problemi di freddo: la temperatura scende improvvisamente, e muoversi sul ghiaccio diventa difficile. Spesso non riusciamo a percorrere più di dieci chilometri al giorno, e alla sera ci addormentiamo distrutti nelle nostre piccole tende. Il bianco è ovunque, ci sentiamo minuscoli, passiamo spesso dall'euforia per gli straordinari paesaggi alla paura di non farcela. È quasi impossibile programmare il giorno successivo: il tempo cambia di continuo e le condizioni sono spesso proibitive. È raro incontrare qualcuno. Ogni tanto ci imbattiamo in uno sparuto gruppo di cacciatori a bordo di slitte molto rudimentali, ci salutiamo e torniamo alle nostre attività.

D'improvviso ripenso al ragazzo e capisco che in un posto come questo la prima regola è sopravvivere. Era questo che gli stavano insegnando: non avevano deciso di lasciarlo lì; semplicemente, lui si era attardato e loro erano partiti.

Siamo uno in meno, immagino abbia detto qualcuno, salendo sulla barca.

Be', vedrai che se la caverà, andiamo, avrà risposto qualcun altro.

Non era il «così impara» un po' cattivo della mia infanzia; era più che altro un «gli farà bene». E a un certo punto avevano deciso che il test era finito e sono tornati a prenderlo.

Mi rendo conto anche di un'altra cosa: nessuno di loro aveva puntato il dito contro di noi, che eravamo arrivati tutti attrezzati per giocare agli eroi con quella che per loro era vita quotidiana. Usavamo la loro terra come un luna park, e loro ci avevano accolti calorosamente. Al contrario, noi avevamo subito condannato quello che, per quanto severo e forse un po' crudele, è il primo degli insegnamenti che un padre trasmette al figlio: come stare al mondo, di qualunque mondo si tratti.

Il mio viaggio in Groenlandia era appena cominciato.

2

Nato nei boschi

«Robert, ti prego, siamo a duemila metri, fa freddo! Ci hanno detto che possiamo dormire nella stalla.»

«Che bisogno c'è? Nel bosco staremo comodi.»

«Ma fa freddo!»

«Basta prendere dei ramoscelli. E poi abbiamo anche una coperta.»

«Smettila, torniamo indietro. Li ringraziamo e andiamo nella loro stalla.»

«Io non ci vado, vai tu.»

«No, Robert, non ti lascio da solo nel bosco. Tu sei pazzo.»

«Vedrai che il bosco ci proteggerà.»

Era tanto che non pensavo a questo episodio, e ho riso parecchio quando un mio amico d'infanzia, in visita a Tasiilaq, me l'ha ricordato. Per quanto viva isolato, tutti sanno dove trovarmi, e ho più occasioni io di vedere i vecchi compagni di montagna di Bolzano di quante ne abbiano loro, nonostante abitino a qualche chilometro di distanza.

Avevamo, credo, quindici anni. Volevamo fare un bel giro a piedi sulle montagne altoatesine e ci eravamo portati una coperta nello zaino, nel caso non avessimo fatto in tempo a tornare indietro. Arrivati a un maso all'imbrunire, il mio amico era entrato per chiedere se potevamo dormire nella stalla, e quelli ovviamente si erano offerti di ospitarci e di darci un pezzo di formaggio.

Io ero stato irremovibile: dovevamo dormire nel bosco, altrimenti che avventura sarebbe stata? Il mio amico avrebbe voluto picchiarmi.

«Robert, tu sei pazzo», si era invece limitato a dire mentre raccoglieva i ramoscelli per la notte.

In montagna ci sono nato, nel 1944, sull'altopiano del Renon, in Alto Adige. I miei erano gente di città, sfollati da Bolzano per sfuggire ai bombardamenti. All'epoca non c'era ancora una strada che collegasse il Renon al capoluogo, e vi si arrivava solo con una cremagliera, che lentamente si arrampicava sulle montagne.

Un viaggio richiedeva un'ora e mezza, quindi noi bambini restavamo sempre su con la mamma: non ricordo di essere andato in città più di una volta all'anno. Mio padre, invece, faceva regolarmente avanti indietro tra Bolzano, dove lavorava, e la montagna.

Da lassù la città appariva remota. Eravamo ospiti in un maso molto spartano, presso contadini che sembrava vivessero proprio come avevano vissuto i loro genitori, e i genitori dei loro genitori. Si coltivava la terra, si andava a caccia e si faceva legna per scaldarsi e costruire arnesi o giocattoli. Credo che i miei prevedessero di rimanere lì per poco, ma quando la guerra finì decisero che Renon era un buon posto per me e i miei fratelli.

Di quella infanzia ho portato il segno tutta la vita. Essere cresciuto sotto il sole ha inciso sulle mie scelte successive, ha fatto di me un uomo diverso da quello che sarei stato se fossi vissuto sempre a Bolzano. Per esempio, se oggi chiamo qualche amico in Germania o in Italia e chiedo com'è il tempo da quelle parti, loro mi dicono: «Aspetta che guardo».

Come?

I miei amici spesso non badano al tempo, non sanno se piove o tira vento. Lavorano, mangiano, stanno al computer, guardano la televisione, e poco importa com'è là fuori. Per me, invece, è sempre stato importante stare all'aria aperta e avere un orizzonte da guardare.

Il Renon è un posto bellissimo. Ci torno ogni tanto quando sono in Italia. È molto cambiato, però la natura è sempre la stessa, i prati, le colline, gli alpeggi. Ho trascorso un periodo meraviglioso lassù. Mio fratello e io non abbiamo mai avvertito la lontananza di Bolzano o la mancanza dei bambini di città, come eravamo noi e come saremmo diventati di lì a poco.

Stavamo con i figli dei contadini, andavamo nel fienile, aiutavamo con le mucche, giocavamo a nascondino dietro le balle di fieno, passavamo il tempo a rincorrerci e a succhiare le uova fresche delle galline. Sapevamo che cosa potevamo mangiare, quali bacche ci facevano venire il mal di pancia e quali erano le più golose.

Al contrario dei bambini di oggi, non avevamo mai impegni o programmi: ci svegliavamo la mattina e ogni giorno ci sembrava nuovo e diverso, anche se non facevamo altro che correre nei prati, salire sugli alberi o dare da mangiare alle galline.

Passavo ore nei boschi, spesso da solo. Per me era come un rifugio, un luogo di incanto. Un po' come per l'uomo antico, che ci viveva perché vi trovava le bestie, le bacche, i funghi, il legno e tutto quello che gli serviva per sopravvivere. Il bosco era l'anima dell'uomo primitivo, e da bambino lo sentivo. Certo, non in questi termini, ma l'idea che tra gli alberi non mi potesse succedere nulla di male l'ho sempre portata con me.

L'infanzia a Renon è stata l'inizio di molte cose che sono poi successe nella mia vita adulta. Quando qualcuno mi chiede come ho scelto i miei amici, e soprattutto le persone con cui fare le spedizioni, non ho una lista dettagliata di requisiti da snocciolare: la cosa importante è che questa persona sia vissuta sotto il sole. Se uno è nato in città ha aspettative diverse, mitizza un fiore, tende a idealizzare la natura, si emoziona se vede il ghiaccio in Groenlandia. Un contadino, invece, dà a tutto il giusto peso: ama il suo ambiente, ci vive in stretta simbiosi, lo conosce ma non si sdilinquisce. E neanch'io lo faccio. Sono un realista: romantico finché si vuole, ma sempre con i piedi ben piantati per terra.

* * *

Avevo sei anni quando siamo tornati in città per cominciare quella che doveva essere la nostra vita reale, fatta di buoni studi e un'ottima carriera. All'inizio mi sentivo un pesce fuor d'acqua, perché c'erano tante macchine, tante strade, tante persone. I miei genitori facevano di tutto per portarci spesso in mezzo alla natura: vedevano che soffrivamo a stare troppo in città, lontano dai prati e dalla campagna. D'estate e in ogni occasione di vacanza si tornava al vecchio maso, dove giocavamo con gli amici che come noi erano cresciuti di qualche centimetro, andavamo nella stalla per bere il latte appena munto e ce ne stavamo ore in cima agli alberi a parlare.

La nostra non era una normale vita di città che ruotava intorno alla scuola. Certo, ci andavamo, ma la nostra vita, quella vera, era sui monti. In tedesco esiste una parola molto bella per definire la nostalgia, *Heimweh*, che letteralmente significa «mal di casa», cioè il dolore che si prova a starne lontano. Ecco, credo di avere sempre sofferto di un «mal di natura»: non sono mai riuscito a rinunciare troppo a lungo all'aria aperta, e più l'ambiente era selvaggio, più mi sentivo sereno.

Intorno ai dodici-tredici anni mio fratello e io abbiamo cominciato a scappare da soli in montagna. Prima con gli sci, poi con l'equipaggiamento da roccia, e a sedici anni abbiamo fatto le prime gite alpinistiche. Abbiamo imparato quasi da soli e ci siamo esercitati insieme, poi lui, maggiore di alcuni anni, ha preferito fermarsi a un livello amatoriale, mentre io sono andato dritto verso il professionismo, al limite dell'ossessione per il rischio.

Dipendevo da quei momenti, brevissimi istanti in cui sentivo che, se non avessi fatto la curva o fossi scivolato, non sarei potuto tornare a casa per raccontarlo. Non pensavo mai alla morte, ero certissimo che avrei sempre avuto la meglio.

In tutto quello che facevo ero estremo. Non accettavo le convenzioni della società, nemmeno nel mangiare, nel ridere, nel pensare. Non che contestassi, ero troppo solitario per perdere tempo a litigare: semplicemente, mettevo in dubbio i confini prestabiliti e li ridefinivo da me. Ho pagato per questo mio temperamento: non di rado sono stato messo in disparte, criticato o accusato di esibizionismo. Ma non si trattava di questo, né cercavo di coinvolgere altre persone nei miei rischi. Anzi, andare da solo mi faceva sentire più libero.

Una volta c'era questo amico di mio fratello, un tedesco di Amburgo appassionato di montagna, che si era molto interessato alle mie escursioni e insisteva per accompagnarmi.

«Dai, voglio provare a fare qualcosa di grosso», ripeteva a mio fratello. E lui lo ripeteva a me, ma io tergiversavo perché i rischi erano tanti.

«Guarda che è un atleta fortissimo, è molto bravo.»

«Sì, immagino. Ma non so, non è il caso.»

Però quello non mollava.

«Che venga allora», ho ceduto.

Questo ragazzo e io siamo andati su tra le rocce alle Odler, nella Valle di Funes. Siamo saliti con la corda, tra la neve e il ghiaccio, portandoci dietro gli sci.

In cima gli ho detto: «Sei sicuro? Puoi scendere con la doppia, così non rischi niente».

Era una parete quasi verticale.

Lui mi ha fissato con un'aria un po' strana. «Vengo, ho deciso.»

«Guarda che qui se cadi anche solo una volta sei veramente morto. Sei proprio sicuro?»

«Sì, sì, lo so benissimo», ha risposto.

Bene, allora.

Ci siamo messi gli sci. Dovevamo buttarci giù dalla parete di un crepaccio, che si apriva tra il ghiaccio e la pietra, finché gli sci avrebbero ripreso aderenza e da lì, spostandoci sulla sinistra... Insomma, gli ho spiegato come bisognava comportarsi, cercando nuovamente di dissuaderlo. Avevo paura per lui. Era la mia pazzia, non volevo che fosse anche quella di qualcun altro.

Non ha battuto ciglio. «Ci sono, andiamo.»

«Ok, io scendo e ti aspetto in quel punto là.»

Ho dato un'occhiata intorno e sono partito. Quel momento per me era come una droga. È una cosa magari un po' stupida e primitiva, ma sono attimi che non puoi provare altrimenti, in cui ti senti vivo. Sono sceso lungo il primo pezzo e mi sono fermato dopo venti metri.

Ho guardato verso l'alto e lui era lassù, pronto a partire.

Ha cominciato a scendere, ma è caduto quasi subito e l'ho visto scivolare.

Per lui era finita, ho pensato, e un istante dopo mi sono detto che avevo qualche secondo per salvarlo. Mi sono inchiodato al suolo con la piccozza e con gli sci e ho cercato di intercettarlo. Lui scivolava e io mi sono spostato in modo da mettermi in mezzo con il corpo per bloccarlo.

Mi ha centrato in pieno. Un colpo pesante. Mi sono ancorato al terreno con tutte le forze che avevo, anche se sapevo che sarei potuto morire anch'io. Siamo precipitati per un po' di metri, poi ci siamo fermati. Avevamo entrambi la faccia insanguinata per l'attrito con il ghiaccio, e nell'impatto mi ero rotto un dito, mentre lui se l'era cavata meglio.

Gli ho consigliato di proseguire in corda doppia, intanto che riprendevo le forze e il coraggio. Sono sceso molto lentamente, avevo dolori al piede e alle mani e un bastoncino spezzato. Quando sono arrivato giù, lui non c'era. Un'ora dopo sono entrato nel rifugio dove avevamo appuntamento con mio fratello.

«L'hai visto? Dov'è andato?» gli ho chiesto.

«Sì, è già partito», mi ha detto lui un po' stupito. «Cos'hai combinato ancora?»

Né io né mio fratello l'abbiamo mai più rivisto.

Le prime cose davvero estreme le ho fatte intorno ai sedici anni, con un gruppo di alpinisti di cui faceva parte il marito di mia sorella. Siccome ero molto più piccolo degli altri e non sapevo fare niente, portavo su le piccozze e le corde per tutti. Credo pensassero: Chi è quel mulo? Dev'essere un ragazzetto un po' scemo... Perché non sta con i suoi coetanei a divertirsi?

A ogni modo, è stato così che ho conosciuto il mondo dell'estremo e ho cominciato a soppesarlo. Mi chiedevo che cosa funzionava e che cosa avrei potuto migliorare. Perché sono un uomo molto pratico, però anche piuttosto teorico: di solito le due cose non combaciano, ma nel mio caso sì. Prima sogno qualcosa, lo desidero da morire, poi penso a come realizzarlo. Devi partire alle quattro, ricordati della lampadina, vai su, stai attento al vento, controlla bene il tempo, non dimenticare l'accendino o il fornelletto... A pensarci bene, se non fossi stato così sarei morto.

Avevo sempre bisogno di inventarmi qualcosa. Se gli altri andavano per un picnic con la cremagliera, io m'incamminavo a piedi alle cinque del mattino per arrivare in tempo. Mi piaceva l'idea di farcela con le mie gambe, un minimo di attrezzatura e soprattutto impegno e volontà. Già allora mi era chiaro quanto la determinazione contasse più della preparazione fisica.

Sulle cime mi sentivo a mio agio e in pace con il mondo. Volevo sempre vedere oltre l'orizzonte, scoprire un pezzo in più: se c'era una vetta, ci salivo perché da lì ne avrei vista un'altra e poi un'altra ancora. Forse mi piaceva anche la sensazione di sentirmi un eroe. Non un eroe per gli altri, ma dentro di me. Non cercavo un pubblico, non facevo foto e neppure raccontavo le mie imprese. Bastava che lo sapessi io.

Scendevo da solo lungo un canalone ghiacciato ancora inesplorato, affrontavo una parete particolarmente scoscesa che mi avevano sconsigliato di sfidare, e quando arrivavo a casa e i miei mi chiedevano che cosa avevo fatto quel giorno, rispondevo semplicemente: «Un giro in montagna».

Quando mi trovavo su una parete c'era sempre un attimo in cui esisteva un solo movimento giusto. Era in quell'istante che smettevo di essere l'ospite della montagna e diventavo io stesso la montagna, parte di quella natura che mi accoglieva.

Sono sempre stato più un esploratore che un conquistatore, perché una montagna non si può possedere. Non ho mai capito chi ci tiene a dire: «Ho conquistato quella vetta, quell'ottomila», e così via. Secondo me, quando uno sogna di scalare tutti gli ottomila dovrebbe fermarsi prima dell'ultimo.

3
Il ghiaccio delle anime

Seduto al porto, mi si avvicina un amico.

«I bianchi sono tutti ricchissimi, eh Robertì?»

«No, guarda che ti sbagli, non sono tutti ricchissimi.»

«Ma va', cosa dici? Hai visto quelle signore che sono venute ieri? Hai visto che valigie che avevano? Erano grandissime, mai vista una roba così.»

«Sì, erano belle grandi, ma non capisco cosa c'entri.»

«Be', ci avranno messo un paio di pantaloni di ricambio, un golf, lo spazzolino. Ma il resto devono essere soldi.»

«No, guarda che non erano piene di soldi.»

«Che strano, pensavo fossero soldi.»

Il mio amico sembra stupito, ma non tanto convinto. Rimane in silenzio per un attimo, però lo vedo che sta ancora pensando alla questione dei bianchi.

«E poi i bianchi sono sempre in vacanza», dice.

«Ma no, ti sbagli. Quando sono in Groenlandia sono in vacanza. Ma non è vero che sono sempre in vacanza. Per esempio, quel ragazzo con cui parlavamo ieri, lui mi ha rac-

contato che per venire qui ha dovuto lavorare tutto l'anno, anche il sabato e la domenica. Non faceva vacanze da... be', trecentocinquanta giorni!»

«Ma che dici, Robertì?»

«Perché?»

«Non ci credo. Racconti sempre cose strane tu.»

«Perché?» gli chiedo.

«Perché scusa, a chi verrebbe in mente di lavorare un anno intero per farsi due settimane di vacanza? Se lavori così tanto non hai tempo di vivere.»

Il giro della Groenlandia non aveva affatto sanato le mie ferite. Ero ancora lo stesso di qualche settimana prima, quello che aveva accettato controvoglia di partire. La mia inquietudine era diventata un malessere ormai conclamato. Ci era stato chiesto di percorrere più di quattrocento chilometri sull'altopiano groenlandese senza appoggi o aiuti, e noi avevamo camminato per millequattrocento chilometri. Era andato tutto bene, ma ancora una volta non erano mancati i momenti di tensione: c'erano stati litigi, qualcuno si era sentito male, altri volevano rinunciare ed erano stati costretti a continuare.

Il mio lavoro non aveva più niente a che fare con l'idea romantica che avevo da ragazzo, quando pensavo che la mia vita sarebbe stata una successione di esperienze importanti e avventure indimenticabili da condividere con altre persone. Adesso, invece, discutevo di finanziamenti e litigavo con i miei compagni.

Camminare per camminare, o scalare per scalare, non

faceva per me: squadre sempre più attrezzate si lanciavano alla conquista di territori che ormai di inesplorato avevano ben poco. La tecnologia toglieva il piacere dell'isolamento, quella sensazione di potersi davvero guardare dentro. Intuivo che la spedizione come concetto in sé stava perdendo di significato.

Con questo stato d'animo ero tornato a casa, a Bolzano. Mi sentivo uno sconfitto, sebbene tutti considerassero la nostra impresa ai limiti del possibile.

Ad aspettarmi c'erano mia figlia, che ormai non era più tanto piccola, e mia moglie, che mi raccontò di avere passato giornate infernali a causa di uno di quegli equivoci che nella mia vita di esploratore erano frequenti: negli stessi giorni della nostra spedizione un'altra squadra di italiani era impegnata sulla costa occidentale della Groenlandia; uno di loro era morto, ed era uscita la notizia che fossi io.

Mia moglie sapeva che la mia squadra si trovava in un'altra parte del Paese, ma come faceva a esserne sicura al cento per cento? Magari avevamo cambiato itinerario, e forse avevano ragione i media e io ero morto. Per lei era stata la goccia che aveva fatto traboccare il vaso: sapeva chi ero, e soprattutto com'ero quando mi aveva sposato, ma adesso si era resa conto che quella non era la vita che voleva per se stessa. Forse era stufa di accompagnarsi a questo sedicente eroe e voleva una persona con cui preparare la cena, andare a teatro e chiacchierare dopo avere visto un film. E per quanto capissi che la mia vita era giunta a un punto morto, sapevo che non era una vita normale quella che cercavo.

* * *

A ogni modo, la Groenlandia mi aveva incuriosito. C'era qualcosa di speciale in quel bianco tanto intenso, ed ero affascinato da quel popolo che faticavo a comprendere ma che mi aveva colpito per la sua dolcezza. Spesso ci mettevo giornate o settimane a capire che cosa mi diceva un ragazzo, o la risposta di una madre a una mia domanda. Era una cultura completamente diversa dalla mia, ma capitava che all'improvviso, come nel caso del ragazzo «dimenticato» al nostro campo, mi rendessi conto dell'insegnamento che potevo trarne.

E poi c'era quel silenzio prossimo all'assoluto, quell'idea tanto diversa del tempo, la continua disponibilità nei confronti dell'imprevisto, che puntualmente si verificava. Che senso aveva programmare la propria vita in un villaggio che poteva rimanere isolato per settimane a causa di una bufera?

Erano matti loro, che rimanevano in un posto simile, o noi occidentali, che pretendevamo di controllare tutto, con le nostre vite che giudicavamo intense solo perché piene di cose, impegni e attività?

Mia madre mi ripeteva sempre: «Ma come, vai di nuovo in Groenlandia? Dicevi che non ti piaceva!» e io le rispondevo che sì, avevo detto che non ci volevo andare, ma adesso non riuscivo più a starne lontano.

Sentivo il bisogno impellente di entrare in quel mondo, di provare a farne parte, anche se non immaginavo neppure lontanamente che mi ci sarei trasferito. Nel moto perpetuo che era stata la mia vita fino a quel punto, c'era sempre stato un momento in cui mi dicevo: Perché non torno un po' laggiù?

Più tempo passavo in Groenlandia a osservare quel popolo così minimale, più viva era la sensazione di estraneità che provavo per il mio vecchio mondo.

Non avevo mai pensato valesse la pena camminare il più in fretta possibile per arrivare prima o più lontano di qualcun altro. Se non c'era dietro una filosofia, camminare era solo piedi che si muovevano e ginocchia che si consumavano. Tra gli inuit ritrovavo il senso delle cose: per un cacciatore, infatti, camminare significava sapere che la sua famiglia aveva fame e là fuori c'erano bestie che l'avrebbero sfamata. Era questo che vedevo in loro: semplice e primitivo quanto si vuole, ma decisamente sensato.

Trovavo questa logica molto più stringente di quella considerata normale dalle nostre parti, che prevedeva di lavorare come matti, magari solo per comprarsi un'automobile nuova fiammante. Non so, forse gli inuit mi ricordavano le persone che avevo conosciuto da bambino nei masi di montagna, quei contadini che non avevano acqua corrente né luce, e vivevano le privazioni come del tutto normali. Si usciva di casa per riempire i secchi al torrente e si faceva scorta di petrolio per illuminare le stanze. Nessuno se ne lamentava, era così e basta.

In Groenlandia vedevo un popolo che rispondeva a bisogni specifici: Ho fame? Allora vado a caccia. Amo mia moglie? Certo, e allora devo nutrirla e renderla felice. Sei mio amico? Sì, quindi farò di tutto per difenderti e darti il meglio che posso.

Osservando gli inuit, spesso mi tornava in mente una vecchia storiella.

Un top manager va dal cardiologo e dice: «Guardi, dottore, da un po' di tempo ho delle fitte molto forti, soprattutto la mattina. Mi dica che cosa devo fare».

Quello lo visita, gli prescrive una serie di esami e poi lo chiama per comunicargli l'esito del check-up.

«La avverto: non credo possa andare avanti ancora per molto con questo stile di vita. Anzi, il suo cuore potrebbe non sopportare più di un altro anno a questo ritmo.»

«Ma come faccio, cosa posso fare?»

«Be', avrà qualche soldo da parte...»

«Sì, certo. Quello non è un problema, ma cosa faccio tutto il giorno?»

«Segua il mio consiglio: compri una lenza e vada a pescare.»

I due si salutano, e dopo un anno il cardiologo, a passeggio con la moglie lungo la riva di un grande lago, riconosce il top manager e lo saluta.

«Come sta? Come vanno le cose?» gli domanda.

«Mah, abbastanza bene.»

«Adesso pesca, allora?»

«Sì, infatti. Ora però la devo salutare perché sono di fretta. Devo sistemare un po' di cose.»

«Ma come, ha fretta?»

L'ex top manager si mette quindi a raccontare che ha centoventi lenze nel lago, e corre dall'una all'altra perché poi arriva il camion a ritirare il pesce per la piccola azienda che ha creato.

Ecco, io mi sentivo come il manager della storiella. In Groenlandia si pescava quando si aveva fame, si divideva tutto quello che c'era in eccesso con il resto del clan e si mettevano i talenti di ciascuno a disposizione della collettività. Se eri un buon cacciatore, cacciavi; se eri bravo a costruire le case, costruivi.

In questa semplicità mi sembrava di ritrovare la vita. Una semplicità che si manifestava a partire dal nome che questo popolo si era dato: inuit (ivi, in Groenlandia orientale), ovvero «gli uomini».

Non c'era alcun concetto di nazione o di territorio, né una storia di conquiste alle spalle: erano semplicemente «gli uomini», inteso come esseri umani, maschio o femmina, capaci di ridere, di piangere e di amare. Se noi eravamo abituati a mille categorie – italiano, maschio, vecchio, giovane, ricco, povero, giornalista, operaio, fotografo eccetera – loro andavano al cuore delle cose.

A chi mi faceva notare quanto le loro abitudini fossero profondamente arretrate, ricordavo sempre che in migliaia di anni di storia gli inuit non avevano mai fatto una guerra. «E allora», chiedevo, «chi sono i primitivi, noi o loro?»

Per parecchio tempo qui in Groenlandia ho avuto la sensazione di essere sotto stretta osservazione. Abitavo nella parte orientale, che è quella meno battuta dal turismo. Trovavo sempre qualcuno che mi ospitava, dormivo qua e là: un tappeto o un divano su cui sdraiarmi non mancavano mai.

Tutti erano gentili con me, ma avvertivo una certa diffidenza: erano abituati a stranieri che si fermavano solo per brevi periodi, quindi volevano essere sicuri che fossi diverso. Non facevo nulla di particolare per conquistarmi la loro amicizia, se non tentare di imparare la loro lingua, conoscere i costumi e fare quello che avevo sempre fatto in qualsiasi contesto: studiare l'individuo che avevo davanti e capire in che modo potesse arricchirmi.

«Robertì», cominciarono a chiamarmi dopo un po'. Bastava che pronunciassi una frase nella loro lingua e si mostravano riconoscenti. Ai loro occhi dovevo apparire strano: non capivano che cosa ci facessi lì – e io ero il primo a non saperlo –, e poi non li giudicavo, né li facevo sentire in imbarazzo.

Fino ad allora da fuori erano arrivati solo problemi: i normanni li avevano odiati, i missionari li avevano obbligati a convertirsi, e in generale l'uomo bianco che si era avventurato fino a quelle terre così remote li aveva considerati, nel migliore dei casi, un male necessario.

Da parte mia, vedevo le cose in modo completamente diverso: questo popolo che non giudicava mi piaceva, e mi piaceva il fatto che nelle discussioni nessuno cercasse di prevalere.

«Io la penso così», dicevo a tavola, o seduto sul muretto al porto, se era estate, in mezzo ad altra gente.

«Certo, Robertì, è interessante, mi piace il tuo punto di vista.»

«Bravo», aggiungeva un altro.

Un attimo dopo lo stesso che aveva lodato la mia opinione mi spiegava come vedeva lui la questione, e spesso era di tutt'altra idea.

«Ma come?» mi stupivo. «Hai detto che ti piaceva il mio punto di vista, e adesso stai dicendo esattamente il contrario.»

«Sì, mi piace quello che hai detto. È interessante. Ma quello è il *tuo* punto di vista. Che è diverso dal *mio*.»

Non c'era bisogno di riempirsi la bocca con parole come «tolleranza» o «rispetto», che nella loro lingua non esistono nemmeno. L'apertura verso il prossimo era un atteggiamento naturale, e forse dovuto, come sempre, alla loro storia: come si fa a litigare se bisogna vivere in pochi metri quadrati e fuori ci sono quaranta gradi sottozero?

Le opzioni erano due: diventare feroci, e in quel caso l'intera etnia probabilmente si sarebbe estinta nel giro di qualche generazione, oppure sviluppare un carattere estremamente mite. Erano tutti troppo impegnati a sopravvivere per essere cattivi o odiare gli altri.

La loro società si fondava sui clan, una sorta di famiglia allargata, ma non c'era competizione. I gruppi vivevano a pochi chilometri l'uno dall'altro, e non per rivalità, ma per evitare che una concentrazione eccessiva di persone facesse scappare le foche. A osservare con attenzione, ogni singola scelta aveva una motivazione chiara e profondamente umana.

Avvertivo una spiritualità del tutto diversa dalla nostra, un'abitudine a dare un nome a tutte le cose della natura e a parlare con gli elementi che mi riportava a quando ero ragazzo e chiedevo alla montagna il permesso di scalarla, o imploravo il vento di placarsi perché altrimenti sarei precipitato dalla parete.

Quello che mi sembrava di intuire nella loro cultura era completamente diverso da quello che si leggeva su di loro. Non avendo tradizione scritta, tutti i libri che li riguardavano erano opera dei bianchi, che li avevano rappresentati come rozzi, ignoranti e analfabeti. Eppure gli inuit non provavano rancore nei nostri confronti, non ci odiavano per il fatto di avere considerato le loro terre come una proprietà di cui disporre. Semplicemente, non capivano gli stranieri e finivano con il farsi schiacciare. Erano troppo miti per difendersi.

Cominciarono a volermi bene, penso, perché per una volta era un bianco a chiedere loro che direzione dare alla propria vita. E con il tempo ho compreso che la direzione giusta l'avrei trovata restituendo in minima parte quello che mi era stato dato.

4
Uomo bianco

Molti inuit hanno paura dei bianchi.

Una volta dovevo andare a Copenaghen con un amico, un anziano cacciatore. Per lui era la prima volta fuori dalla Groenlandia. Eravamo su un aereo, non avevamo i posti vicini e lui mi seguiva dappertutto.

«Non puoi stare qui nel corridoio», gli dico, «devi andare al tuo posto. Vedi, c'è scritto il numero qui.»

«Non lo so, Robertì, non posso chiedere di stare qui vicino a te?»

«Ma perché non vuoi andare al tuo posto, che cosa succede?»

«Mi guardano tutti in modo strano.»

«Ma non è vero», ribatto io. «Dimmi la verità.»

«Ho paura di loro, Robertì, dei bianchi. Non ho neanche il fucile. E se si alzano e mi picchiano, come faccio?» mi sussurra con aria spaventata.

Un giorno, quando ormai vivevo in Groenlandia da diversi anni, mi chiama Pavia, un amico di Sermiligaaq, il paese in cui è cominciata la mia avventura. I collegamenti tra un villaggio e l'altro sono praticamente inesistenti in Groenlandia. Non ci sono strade e non è facile incontrarsi, anche abitando a poche decine di chilometri l'uno dall'altro. Ma Pavia ci tiene molto a incontrarmi, è da un po' che mi cerca al telefono per organizzare.

«Allora Robert, quando vieni?» continua a ripetermi.

«In questo periodo non posso, devo stare dietro a un sacco di cose, ma ti assicuro che a giugno vengo.»

A giugno, puntuale, arriva la telefonata di Pavia.

«Robert, quando vieni? È giugno.»

«Scusami Pavia, lo so, ti volevo chiamare io. Facciamo che ci vediamo alla metà del mese. Promesso.»

La metà di giugno arriva e ancora non sono riuscito a liberarmi. Pavia mi richiama tutto affettuoso, mi ricorda la promessa e io prendo tempo. Avrei voglia di vederlo, però mi sembra sempre di avere cose più urgenti da fare.

Dopo qualche giorno Pavia torna a farsi vivo.

«Domani vengo a prenderti, Robert», dice soltanto.

«Dai, ti aspetto allora.»

«Sono così felice! Anche la mia famiglia muore dalla voglia di passare qualche giorno con te», aggiunge.

«Guarda, Pavia, l'unica cosa è che domani devo proprio essere qui. Meglio se vieni tra due giorni, poi vedrai che partiamo.»

«Be'», dice con il suo vocione, «io intanto vengo. Quando sei pronto andiamo.»

Il giorno dopo mi affaccio alla finestra e vedo entrare nel fiordo una barchetta a motore. Riconosco il mio amico, che guarda verso casa mia cercando di individuarmi. Faccio una corsa al porto per accoglierlo e lo trovo che chiacchiera con un ragazzo seduto a guardare il mare. L'aria è fresca ma gradevole, siamo d'estate.

Ci salutiamo, gli stringo la mano e lui mi annusa. Siamo molto felici di vederci.

Passiamo una bella giornata insieme, parliamo, mangiamo pesce, giochiamo a carte. Ogni tanto sbrigo qualche faccenda di lavoro, accompagno un paio di turisti alla barca che li porta in giro, faccio uno schizzo del sentiero da seguire per due francesi che vogliono andare dall'altra parte del fiordo. Pavia mi segue dappertutto, sempre contento e divertito.

Due giorni dopo, di buon mattino, ci avviamo verso la sua barca, modesta ma ben tenuta. Il mio amico è uno di quelli che fanno le cose perbene, un cacciatore ordinato e metodico, uno con i guanti bianchi, diremmo in Italia.

Solchiamo lentamente il mare fermo e scuro, scherziamo e chiacchieriamo, ci guardiamo in giro e ripeto mentalmente i nomi dei ghiacciai che l'uno dopo l'altro scorgiamo di fronte a noi.

A un certo punto passiamo davanti a un villaggio, piccolo persino per i parametri locali. O meglio, c'è un'unica casetta appoggiata su uno scoglio a picco sul mare. È una vecchia usanza locale: le case sono sempre costruite a pochi metri dall'acqua, per permettere al cacciatore di stare il più vicino possibile alle prede. I fiordi sono tutti molto stretti e tortuosi, quindi il mare è calmo e non c'è il rischio che un'onda si porti via le abitazioni.

«Lì ci abita un mio amico, ti va se ci fermiamo?» dice Pavia, indicando la casetta.

«Volentieri», rispondo.

Pochi minuti dopo siamo seduti di fronte al mare a mangiare molluschi crudi insieme al padrone di casa, un cacciatore che vive lì con la moglie. Si ride molto, anche perché gli ospiti devono portare un sorriso. È così che usa qui, e non è un modo di dire: si portano le risate, come in Italia si porterebbe un mazzo di fiori o una bottiglia di vino.

L'uomo e sua moglie sembrano davvero affiatati, dicono di avere sentito parlare di me, e io faccio loro i complimenti per la bellezza del posto in cui vivono. Ridono: non hanno mai visto altro, il mondo per loro è poco più che quel fiordo. Hanno una piccola barchetta e molti cani da slitta con cui riescono a raggiungere i paesi vicini superando le montagne innevate.

Dopo un'ora ci congediamo e proseguiamo verso il paese di Pavia. Il tempo sta cambiando, c'è aria di temporale e non abbiamo niente per coprirci. Mezz'ora dopo vedo in lontananza le prime casette di legno. Cerco di riconoscere quella del mio amico in mezzo alle altre basse e colorate, e intravedo un paio di cuccioli che giocano sdraiati sull'erba. Una decina di bambini si rincorrono tra le barche.

Pavia non dice nulla, mi sorride e all'ultimo momento, prima di infilarsi nel fiordo, mi accorgo che cambia direzione.

«Non andiamo a casa?» gli chiedo stupito.

«No», dice lui, «sono tutti al campo estivo. In questo periodo viviamo fuori dal paese.»

Con la bella stagione qui è tradizione lasciare le case di legno e trasferirsi in piccoli campi di tende, per stare più vicini alle foche. Forse non è più un'abitudine necessaria, ma è ancora molto sentita: si fa vita comunitaria, i bambini giocano tutti insieme e le donne hanno più tempo per chiacchierare. È da un po' che non dormo all'aperto, sarà divertente.

Comincia a piovere, e c'è quel freddo tagliente di quando si va per mare. La temperatura non è gelida ma è umido, il temporale è forte. Non siamo attrezzati per proteggerci e il freddo entra nei vestiti e fin dentro le ossa. E ho anche una gran fame. Durante il viaggio non abbiamo mangiato nulla, a parte quei due o tre molluschi crudi. Insomma, ho voglia di arrivare.

A un tratto Pavia mi fa segno di abbassare la voce e mi indica una foca. Vedo la testolina sporgere da dietro un sasso. È semisdraiata su uno scoglio, sembra addormentata. Probabilmente non si è accorta di noi, comunque è abbastanza vicina e bisogna fare piano. Mi assale la tenerezza per quella che so essere una vittima predestinata.

Pavia mette il motore al minimo, e proprio in quel momento la bestiola si muove e va a nascondersi dietro una piccola insenatura. Meno male, penso soddisfatto. Forse può ancora farcela. La foca, intendo. Faccio il tifo per lei.

Il mio amico manovra abilmente la barca, giriamo intorno all'insenatura e pochi secondi dopo vediamo di nuovo la foca. Le stiamo addosso, non troppo vicino per non allarmarla, ma neanche così lontano da rischiare di perderla. Pavia è concentrato: con lo sguardo mi indica di sostituirlo alla guida, così lui può recuperare il fucile dal fondo della barca.

Con una mano stringo la leva dell'acceleratore e con l'altra il timone. Guardo verso la foca, non si muove. Pavia si prepara a sparare, solleva l'arma e prende la mira. Siamo ancora un po' troppo lontani e, di nuovo a gesti, senza dire una parola, Pavia mi fa segno di andare a destra, poi un po' a sinistra e infine di rallentare. Eseguo, obbediente. Lui è teso, pronto: in questo momento è un professionista che sta facendo il proprio lavoro.

Non parliamo, cerchiamo di fare il più piano possibile, ma la foca ha i sensi molto sviluppati, si accorge di noi e scappa. Ha avvertito il pericolo. La seguiamo per una buona mezz'ora, lei si sposta, sparisce, poi ricompare. Non perdiamo il contatto visivo se non per pochi secondi.

Sono stufo. Ho fame, freddo e continua a piovere. In questi anni groenlandesi ho imparato che non ci si deve lamentare, ma dentro di me vorrei essere ovunque tranne che su questa barca. Smetto di guardarmi in giro, il cielo è plumbeo e con la pioggia non si vede niente. Mi limito a osservare le dita di Pavia, che mi dicono che cosa fare e la direzione da prendere. Non voglio scontentare il mio amico, però mi sembra una situazione un po' balorda.

In cuor mio mi auguro che Pavia si rassegni e mi dica che lasciamo perdere. Dai, buttati in mare e salvati, penso guardando la foca. Ma mi ignora: forse è stanca quanto me e sembra decisa a consegnarsi al suo carnefice. Il mio amico mi indica un'ultima volta dove andare, do un piccolo colpo a destra con il timone e siamo finalmente a tiro. È un attimo: carica, punta e improvvisamente do un leggero strappo di acceleratore. Non so quantificarne con esattezza la forza, ma è sufficiente a spostare di quel tanto il bersaglio perché Pavia rinunci a sparare e la foca riesca a nascondersi fuori della nostra portata. Non sono sicuro di avere accelerato intenzionalmente, ma so di avere pensato: Povera foca. Poco più di un istinto.

Pavia non fa una piega, non mi guarda male, si comporta come se fossi stato correttamente al suo fianco. La foca è scappata, punto.

«Scusami», dico. «Scusami tanto», ripeto.

«Perché? Niente, niente, adesso possiamo andare a casa», mi rassicura lui, cortese e calmo come quando siamo partiti. Rimane un attimo a guardarsi intorno, ma sa bene che la caccia per oggi è finita. Ripone il fucile e riprende il comando della barca.

«I bambini saranno felici di vederti», dice tutto allegro.

Quando arriviamo al campo, infatti, i piccoli mi corrono incontro e mi fanno le feste, e sua moglie mi abbraccia. Chiacchieriamo un po' delle novità, loro mi chiedono come sta mia figlia e io provo a spiegare, in questo villaggio sperduto della Groenlandia, com'è la vita di una ragazza a Verona. Quando racconto che vive in un condominio con decine di famiglie, ridono come pazzi.

«Immagino che avrai fame», interviene a un certo punto il mio amico.

«Be', sì, ho un po' fame», ammetto. Sono le nove di sera e non abbiamo mangiato praticamente nulla da questa mattina.

Pavia si alza, va a prendere qualcosa nella tenda e torna con un piatto pieno di lische di pesce completamente spolpate, appena un'ombra di carne qua e là. Ce le passiamo, succhiando e ripulendo ognuno la propria. I bambini si divertono a infilare le piccole dita tra le spine, fanno a gara a chi riesce a staccare il pezzo di carne più grande.

«Guarda!» esclama il vincitore, che mi mostra esultante un brandello di mezzo centimetro.

All'improvviso capisco. Supero la superficie della cordialità, degli scherzi e delle risate e mi rendo conto che questi bambini patiscono la fame, sono tutti emaciati. Eppure continuano a sorridere.

Ha smesso di piovere, siamo seduti nella tenda alla luce di una torcia. Faccio finta di niente, loro sono impassibili, nessuno si lamenta. Anzi, ci mettiamo a giocare a carte e i miei ospiti fanno di tutto perché il clima sia piacevole. A un certo punto Pavia si mette a masticare un lembo di pelle di foca per assottigliarla e cucirla, ci guarda e la ciuccia in modo buffo per far ridere i bambini.

«Pavia, da quando sei diventato una donna? Ti sei messo pure a cucire», lo prendo in giro.

«Guarda mia moglie», risponde lui ridendo.

«Cosa devo guardare? La conosco bene, tua moglie.»

«No, no, guardala», insiste lui.

E allora la guardo, ma non capisco a che cosa si riferisca.

«Dai, apri la bocca, fai vedere a Robert», la esorta Pavia.

Lei apre la bocca e mostra un unico dente, un canino molto appuntito.

«Se mastica lei la pelle mi fa i buchi e poi devo andare in giro con gli stivaletti tutti bucati», commenta il marito.

Ci mettiamo tutti a ridere, lei finge di arrabbiarsi e si va avanti così, in un clima di buon umore. A mezzanotte il sole è ancora alto, ma i bambini sono stanchi e andiamo a dormire. Mi infilo nel sacco a pelo, do un'ultima occhiata al fiordo, mi copro bene e, sentendomi un criminale, faccio quello a cui ho pensato incessantemente nelle ultime ore. Mi guardo intorno, controllo che nessuno mi veda e infilo la mano in tasca. La barretta di cioccolato è lì dove l'ho messa la mattina, una vecchia abitudine da montanaro. Apro di nascosto la confezione, sperando di non essere scoperto. Ho una fame pazzesca, la porto alla bocca, vorrei divorarla ma l'assaporo lentamente, senza fare rumore, vergognandomi per non averla divisa con gli altri. Tutti hanno fame, forse anche più di me. Nella tenda ci sono almeno dieci bambini e io non ho alcuna pietà.

Ma poche ore prima ho fatto qualcosa di ancora più grave: avremmo potuto catturare quella foca e sfamare la famiglia. Io, uomo bianco civilizzato che so e capisco tutto, che ho una testa da uomo bianco, in verità non ho capito niente.

La mattina ritrovo Pavia contento come la sera prima, impaziente di passare una giornata insieme dopo tanto tempo. Ho fame, vorrei tornare a casa e avanzo qualche timida scusa: «Mi dispiace, devo lavorare, i ragazzi alla Casa Rossa avranno bisogno di me, mi potresti riportare indietro?»

«Ma come, sei appena arrivato! Tu oggi stai qui, rimani anche domani e poi ti prometto che ti riporto a casa.»

Se insistessi ci rimarrebbe molto male, forse lo umilierei. Rimango, cercando di silenziare lo stomaco in subbuglio. Passiamo una bellissima giornata, ce ne andiamo in giro per il campo. Siamo in un fiordo molto verde, pieno di fiori che non ho mai visto. Pavia me li indica e mi insegna i nomi di ciascuno.

«Non devi andare a caccia?» gli domando ogni tanto, ma temo di infastidirlo.

«Ma no, oggi no», ribatte lui sorpreso. A quanto pare sono un ospite importante, tutti mi vogliono salutare, quindi Pavia mi prega di rimanere almeno un altro giorno. Di fame non si parla.

I bambini sono in giro a giocare, ogni tanto li vedo sdraiarsi nell'erba e raccogliere gli steli e i fiori per mangiarseli. Non piangono e non si lamentano, e questo mi fa stare ancora peggio. Sono più calmi rispetto al giorno prima, molti dormono. Forse così non sentono i crampi allo stomaco.

«Voglio farti vedere dei vecchi denti di balena. Li hanno trovati su una collinetta», mi spiega Pavia.

Saliamo per una mezz'ora a piedi, e accanto ai denti di balena troviamo i resti di antiche case scavate sottoterra.

Finisco con il rimanere due giorni, durante i quali né io né loro mangiamo alcunché, a eccezione delle solite lische.

Mi chiedo che cosa succederebbe in una situazione del genere in Italia. Probabilmente i miei ospiti si sbarazzerebbero di me in fretta, per non perdere tempo e non dover dividere quel poco che hanno.

Dopo due giorni dico basta.

«Va bene, torniamo», acconsente Pavia.

«Ci ha fatto tanto piacere che tu sia stato qui», mi ripete diverse volte sua moglie mentre ci accompagna con i bambini alla barca.

Rifacciamo il viaggio a ritroso, cinque-sei ore sulla barchetta di Pavia. Lungo il tragitto troviamo un po' di cozze, che mangiamo crude con avidità, ma nello stomaco sono come sassolini in un oceano. Finalmente arriviamo a destinazione. Una volta a casa, cucino per lui in abbondanza, e lui mangia soddisfatto ma senza ingordigia. La mattina dopo, quando riparte, gli consegno un sacco di pane, della carne e altre cose per la sua famiglia. Sono cinquanta o sessanta chili di roba, ma non bastano a superare il senso di colpa per averli lasciati affamati per diversi giorni.

5
Tasiilaq

«Mamma, lascio medicina.»

«Ma come? Hai già dato tutti gli esami del primo anno. Perché non continui?»

«Mi mancano le montagne.»

«E allora, cosa vuoi fare?»

«Non lo so, mamma.»

«Ma Robert, quel tuo amico che si è laureato adesso ha un bel lavoro. Tu non lo vuoi un bel lavoro?»

«Io voglio andare in montagna, non mi interessa un bel lavoro.»

«Adesso magari no. E in futuro?»

«Sono così, non ci posso fare nulla.»

«E allora sei mezzo matto.»

Quando sono a casa, in Italia, non sempre riesco a far capire perché abbia trovato la mia serenità in un posto tanto remoto. Su molte cose il mio punto di vista sembra più normale, accettabile, qui in Groenlandia che nel mio mondo, a cui pure sono affezionato. Non ho mai voluto tagliare i ponti con il passato, né ho mai cercato di convincere qualcuno a seguirmi. Ma questa è la mia vita, non ne ho un'altra, e ho fatto del mio meglio per esserne almeno un po' orgoglioso.

Qui mancano tante cose, eppure non ho mai pensato di essermi perso nulla vivendo in questa estrema periferia nord dell'Europa. Anzi, credo che la Groenlandia mi abbia salvato. Questo posto mi ha calmato. Sono sempre stato irrequieto, non riuscivo a stare fermo a lungo in un posto e tuttora, quando torno in Germania o in Italia, resto qualche giorno in una città e poi prendo la macchina per fare cinquecento chilometri e andare in un'altra. Non sopporto la staticità.

Eppure, qui sono fermo e mi trovo bene. Dalla finestra vedo più di dieci ghiacciai, d'inverno posso contemplare l'aurora boreale quasi ogni sera e d'estate, dalle dieci alle tre di notte, è come se vedessi sei o sette tramonti di fila: il sole scompare dietro a una vetta e poi torna a rischiarare il villaggio.

Giù verso il porto guardo il fiordo ghiacciato, le madri che accompagnano i bambini a scuola e gli uomini che caricano le slitte per andare a caccia. C'è sempre un'aria limpida, e la mattina quando esco di casa mi basta scorgere il mare con le cime innevate per sentirmi in pace con me stesso.

A Tasiilaq, dove abito dagli anni Novanta, non ci sono cinema, parrucchieri o ristoranti. Non abbiamo strade, quindi l'auto serve solo per spostarsi da una casa all'altra o per andare a fare la spesa. Il villaggio conta poco più di mille abitanti, e nonostante le dimensioni ridotte è in realtà il più popolato della costa orientale. Sorge su un'isola con un fiordo molto stretto che s'insinua nell'entroterra per una decina di chilometri e finisce in un piccolo porto naturale molto tranquillo.

Per gran parte dell'anno Tasiilaq è quasi completamente isolato dal resto del mondo. I ghiacciai lo dividono dal Sud del Paese, e l'unico modo per raggiungerlo è via mare. Per diversi mesi, però, il fiordo è ghiacciato e impenetrabile, quindi ci si può camminare sopra, giocare e saltare senza alcun pericolo, ma non navigare. D'inverno offre lo spettacolo di una distesa azzurro chiaro, immobile, spruzzata solo dai colori delle sparute barchette che rimangono imprigionate nel ghiaccio fino al disgelo.

Se necessario abbiamo un eliporto e possiamo muoverci in elicottero, ma è molto costoso e non sempre le condizioni meteorologiche permettono di volare.

«Ma come fai?» è la domanda più frequente di amici e parenti. È un modo gentile e garbato per dirmi che sono pazzo.

Una volta mi hanno fatto notare che la mia vita ricorda, in versione groenlandese, quella del protagonista di *Shining*, il film di Stanley Kubrick in cui un uomo e la sua famiglia vivono per alcuni mesi totalmente separati dal resto del mondo. Ho riso molto, e forse hanno ragione: un po' matto per stare qui devo pur esserlo.

Eppure, ogni volta che trascorro qualche giorno in Europa, a Monaco come a Parigi, fatico anch'io a capire il modo di vivere delle persone. Cammino per il centro di Bolzano e mi ritrovo in mezzo a gente elegantissima, piena di pacchetti, attaccata al cellulare. Tutti amiamo le cose belle, a chi non piace indossare una giacca raffinata? Però mi stupisce che sia diventato una sorta di obbligo sociale.

Una volta ho provato a spiegare a un ragazzo di qui che il principale passatempo per milioni di persone in Europa è fare acquisti.

«Ma no, Robertì, cosa dici, tu scherzi sempre», è stata la sua risposta.

Credo sia impossibile vivere in Groenlandia senza cambiare il proprio paradigma. Spesso vedo danesi o norvegesi che vengono a Tasiilaq per un paio d'anni, magari per eseguire qualche lavoro per cui la popolazione locale non ha le competenze, ma appena finiscono scappano. Perché se vivi qui da occidentale la situazione diventa insopportabile.

Il necessario per la sopravvivenza del villaggio ci viene portato d'estate da cinque navi danesi, che arrivano cariche di merci stivate in enormi container. Dopodiché per otto o nove mesi siamo isolati. In teoria dovremmo essere autosufficienti, ma succede sempre che a un certo punto manchi qualcosa. Quest'anno, per esempio, sono stati tutti più golosi di salame, e dopo Natale non ce n'era più nemmeno l'ombra. In tutto il paese c'è un unico negozio e, come si può immaginare, la certezza di andarci e trovare ogni cosa che serve è piuttosto remota.

«E lo speck? Come fai se finisci lo speck?» mi chiedono ogni tanto i miei amici altoatesini. «E se rimani senza vino?»

È difficile far capire loro che non sono masochista.

Vengo da una regione bellissima e sono felice di tornarci quando posso, ma imparare a limitare i miei desideri anziché intristirmi per la mancanza di qualcosa mi ha reso semmai più libero. Scegliere di venire qui è stato come tagliare quei fili sottili che credevo mi tenessero in equilibrio e in realtà mi legavano.

Niente cinema o teatro? Ce li facciamo da noi. Per quanto la Groenlandia sia un luogo remoto, arrivano sempre persone da posti diversi che raccontano cose nuove. Si passano serate piacevoli: qui non c'è il problema che avevo a Bolzano, dove facevamo tutti la stessa vita e avevamo ben poco da raccontarci.

La socialità è semplice e intensa allo stesso tempo. Consiste nell'andarsi a trovare, mangiare qualcosa o giocare a carte insieme, sempre con il sorriso d'ordinanza. Succede di vedere gente che alle quattro del mattino cammina per strada per far visita agli amici. Gli inuit non considerano le stagioni: per loro esiste un giorno lunghissimo che è l'estate, in cui il sole non tramonta mai, e una lunghissima notte che è l'inverno, in cui ci sono solo poche ore di luce al giorno.

Le porte delle case sono sempre aperte, e se uno entra quando chi ci abita dorme, allora aspetta in basso. Si prende qualcosa dal frigo, si prepara un caffè o si beve una birra in attesa che quello si svegli per fare due chiacchiere.

È una terra in cui si dice sì per dire sì e no per dire no. Gli inuit sono estremamente pratici, questa è la loro filosofia di vita: un pragmatismo basilare, immediato, efficace, senza fronzoli o sovrastrutture.

Le priorità, bene inculcate nella loro testa, sono la sopravvivenza, la famiglia, l'amore. E non c'è altro. Per millenni hanno vissuto in case invernali di sassi e ramoscelli, costruite sottoterra. Lì dentro ogni famiglia aveva un piccolo appartamento di un metro e mezzo per un metro e mezzo, in cui vi stavano cinque o sei persone. A separare una famiglia dall'altra bastava una tenda di pelle di foca. Non c'erano muri, non c'erano chiavi, non c'erano sedie. Stavano là dentro tutti nudi e si limitavano a sdraiarsi.

La principale forma di aggregazione sociale era il clan, in cui ognuno svolgeva un compito ben preciso utile al gruppo. I migliori a cacciare si occupavano del sostentamento, le donne cucivano i vestiti e i kayak, qualcun altro pescava, altri costruivano gli accampamenti e così via.

Gli inuit hanno ridotto al minimo le proprie esigenze per sopravvivere, adattandosi a ogni privazione. Il loro non è affatto masochismo, ma piuttosto l'idea che la sofferenza, in tutte le sue forme, esiste e va accettata. Oggi le loro case sono riscaldate, e spesso uomini e donne sono a torso nudo a godersi il caldo. Eppure, se dovesse mancare il gasolio per qualche giorno manterrebbero il medesimo buon umore e vivrebbero al freddo senza troppi problemi.

Sono tante le differenze che ho imparato a conoscere e ad apprezzare in questi anni. Per esempio, qui non esiste l'invidia. Tutti hanno talmente poco che non ha senso desiderare la vita di altri. Né hanno il senso della proprietà. Se uno ha una casa, il terreno che c'è davanti non è suo: se da buon altoatesino faccio crescere un po' d'erba davanti alla porta, tutti ci camminano sopra. Se costruisco un recinto per gli ospiti della Casa Rossa, i miei vicini lo scavalcano e ci passano dentro. Sono in cinquantottomila su un territorio grande sette volte l'Italia, che senso avrebbe fare dispute territoriali? C'è talmente tanto spazio che a nessuno verrebbe in mente di delimitare la propria terra.

Questo aspetto abbraccia tutta la sfera della loro esistenza. Gli inuit non dicono: «È mio figlio», ma: «È figlio». Nessuno può essere proprietario di un essere umano, tantomeno di un figlio. Scherziamo? Un bravo genitore, per loro, è quello che fa il possibile perché il figlio sia felice. E se pensano che potrebbe essere più felice sotto la guida di qualcun altro, chiedono a quest'ultimo se vuole prenderlo con sé. Non per levarselo di torno, ma perché vogliono che lui sia sereno.

Nel mio villaggio e in quelli vicini mi conoscono un po' tutti, e mi è capitato spesso che qualcuno mi dicesse: «Robert, ti affido questo ragazzo, perché credo che con te starebbe meglio». E così mi sono ritrovato padre di una figlia biologica, che sta in Italia, e di tantissimi figliocci in Groenlandia, che per me sono altrettanto importanti.

In questa loro visione delle cose tanto semplice ritrovo una logica che da noi si è perduta.

6

Gudrun, lo sciamano

Se il cane guida di un cacciatore piange come un uomo, significa che il suo padrone sta per morire e l'unico modo per salvarlo è uccidere il cane.

In Groenlandia tutti credono a questa vecchia storia.

Un giorno, mentre mi trovavo in ospedale in Europa, ricoverato in gravi condizioni, il mio cane guida a Tasiilaq ha cominciato a piangere come un uomo. Piangeva e piangeva, senza mai smettere. In paese si sono preoccupati e hanno cercato di scoprire dov'ero.

«Robert sta morendo», hanno detto al telefono alla mia compagna, che era accanto a me in ospedale.

«Come fate a saperlo?» ha chiesto lei. Nessuno li aveva avvertiti.

«Lo sappiamo, il suo cane sta piangendo come un uomo.»

«Ma non è possibile. Chi ve l'ha detto?»

«Il cane, ce l'ha detto il cane.»

«Robert sta molto male, dicono che rischia di non svegliarsi dal coma.»

«Lo sappiamo e dobbiamo uccidere il cane. Ti abbiamo chiamato apposta per chiederti il permesso.»

«Ma Robert è molto affezionato al suo cane, perché volete ucciderlo? Ne soffrirà tantissimo.»

«Se lo uccidiamo, Robert vive. Ma se lo lasciamo vivere Robertì morirà.»

«Perché?»

«È così», le hanno risposto, con il solito tono di chi non capisce perché spiegare una cosa tanto ovvia.

Sono stati talmente convincenti che la mia ragazza ha ceduto e il cane è stato ucciso.

Due giorni dopo sono uscito dal coma.

Quando si sparse la voce che un tipo strano, un montanaro italiano, si era trasferito a vivere sulla costa orientale, i villaggi facevano a gara per invitarmi. Sotto la proverbiale discrezione locale ci doveva essere una certa curiosità per uno straniero, specie in un'epoca in cui i pochi forestieri che capitavano in Groenlandia scappavano il prima possibile. Da parte mia ero sempre felice di andare dappertutto: ogni volta c'era qualcosa che mi stupiva, che non avevo mai visto.

Un giorno un cacciatore con cui avevo stretto amicizia mi portò a conoscere i Maratse, un clan molto importante della zona. Il capostipite, il «grande Maratse», che all'epoca era già morto, era stato forse uno dei più famosi sciamani della Groenlandia. Avevo sentito parlare molto di lui, e non vedevo l'ora di incontrare i suoi parenti.

Mentre mangiavamo tutti insieme, nella luce della notte

estiva polare notai una donna piuttosto anziana che, nonostante mi sembrasse cieca, si muoveva con disinvoltura ed emanava una strana combinazione di carisma e forza.

Avrei voluto conoscerla, ma parlavo ancora troppo male la lingua e preferii rivolgermi direttamente al mio amico.

«Chi è quella donna?»

«Ah, è Gudrun», mi rispose, stupito che qualcuno non la conoscesse. «È uno sciamano, è la nipote del grande Maratse.»

«Non ne ho mai sentito parlare», gli dissi.

Il mio amico mi raccontò la sua storia.

Un giorno nel villaggio in cui viveva Gudrun comparve all'improvviso un orso bianco. Era spuntato dal nulla ed era molto affamato, e le madri fecero appena in tempo a prendere in braccio i bambini e a chiudersi in casa. L'orso non le seguì, rimase a osservare lo scompiglio che aveva creato, fermo in mezzo alle abitazioni.

Tutti gli uomini erano a caccia e nessuno sapeva quando sarebbero tornati. Si erano portati via gli arpioni e le armi, che forse avrebbero dato un po' di coraggio per difendersi dall'animale. Nel villaggio, quindi, c'erano solo donne e bambini. Tutti avevano una paura tremenda. Guardavano l'orso da dietro le finestre, e nulla lasciava supporre che se ne sarebbe andato. Le madri cominciarono a pensare che se non fossero più potute uscire, i figli sarebbero morti di fame prima del ritorno degli uomini.

A un certo punto una porta si aprì e ne uscì una bambina, la quale si incamminò sulla neve in direzione dell'orso. Avrà avuto cinque o sei anni e trotterellava tranquilla. La madre aveva provato a fermarla, ma sapeva che se l'avesse inseguita sarebbero state uccise entrambe, e gli altri bambini sarebbero rimasti senza madre.

Tutti tenevano gli occhi sulla bambina, preoccupati per quello che stava per succedere. Solo l'orso era rimasto immobile, quasi indifferente.

La piccola iniziò a parlargli, accarezzandogli la testa e sussurrandogli all'orecchio che doveva tornare da dove era venuto, perché stava spaventando le donne e i bambini. L'orso ascoltava, quasi avessero un segreto da confidarsi, e si faceva lisciare il pelo. D'un tratto si girò, si tuffò in mare e scomparve rapidamente.

La piccola tornò verso casa, riprese in mano il giochino con cui si stava trastullando fino a pochi minuti prima e sedette nella neve come se nulla fosse. Quella bambina era Gudrun.

Due o tre giorni dopo, al ritorno dei cacciatori, le donne raccontarono quello che era successo. Il padre della bambina era un po' felice e un po' spaventato, perché sapeva che non sarebbe stato in grado di occuparsi di una figlia con simili capacità. Allora andò dal grande Maratse, che era suo padre, gli riferì l'episodio e il vecchio sciamano chiese di parlare con la bambina.

«Perché sei uscita a parlare con l'orso?» le domandò. «Tu sei una bambina, non avevi paura?»

«L'orso è buono e non volevo che lo uccidessero», rispose lei.

Allora il nonno decise di adottare la nipote per accompagnarla nello stesso iter sciamanico che aveva seguito lui.

* * *

Quella sera non parlai con Gudrun, ma per settimane continuai a sentire storie su di lei. Devo conoscerla, pensai. Convinsi un paio di barcaioli a portarmi per mare al suo villaggio. Eravamo tutti in piedi su questa barchetta, e a un certo punto davanti a noi comparve un'altra barca che procedeva in direzione opposta. Non si fanno molti incontri lungo la costa, e quando succede è consuetudine fermarsi e scambiare due chiacchiere. Quando ci affiancammo, in mezzo a un gruppo di uomini notai una donna in piedi che mi salutava. Era Gudrun, e aveva pensato la stessa cosa che avevo pensato io: voleva venire al mio villaggio per conoscermi.

Non ci eravamo mai parlati, e lei viveva in un posto con un solo telefono. Insomma, era una bella coincidenza incontrarsi a metà strada.

Gudrun salì sulla nostra barca, mi guardò e mi sorrise. «Ho qualcosa per te.»

Aprì una borsa ed estrasse un paio di stivaloni neri, nuovissimi, luccicanti.

«Li ho fatti per te», mi disse. Poi si voltò e tornò sull'altra barca.

Io rimasi interdetto. I miei compagni mi spiegarono che erano stivali di valore ed era un grande onore che Gudrun li avesse cuciti di persona per me.

Da quel momento iniziò un rapporto molto intenso. Gudrun mi veniva a trovare quasi tutti i giorni a piedi, nonostante fosse ormai cieca. Grazie a lei ho capito davvero la storia di questo popolo, e ho imparato a guardare il mondo con occhi completamente diversi. Parlavamo di tante cose, scherzavamo sulla sua malattia, sul fatto che stesse diventando sempre più vecchia, e avevo la sensazione che, con la sua semplicità, riuscisse sempre a vedere oltre la superficie delle cose.

Dopo qualche tempo cominciai a considerare normale il fatto che sapesse esattamente quello che mi stava succedendo in un determinato momento e ovunque mi trovassi, sia in Groenlandia sia in Europa. Se mi era capitato qualcosa, magari perché avevo messo a rischio la mia vita in una missione, al mio ritorno mi diceva che me l'ero vista brutta e che non dovevo sfidare troppo i demoni. Oppure, se avevo passato una settimana felice a casa, mi diceva che era contenta per me.

Sapeva sempre dov'ero: se ero fuori casa, non passava neppure a cercarmi, andava dritta nel posto in cui mi trovavo. Dopo un po' era talmente ovvio che ci fosse una strana comunicazione telepatica tra noi che avevo smesso di farmi domande.

Gudrun è stata l'ultimo grande sciamano della Groenlandia orientale. Nonostante tutti la considerassero una donna eccezionale e le riconoscessero poteri straordinari, non viveva, come vorrebbero farci immaginare i film americani, sotto una tenda a fumare la pipa, servita e riverita da persone ossequiose in attesa di ascoltare un suo oracolo. Qui tutti devono dare una mano, e lei non faceva eccezione. Indossava sempre una maglietta imbrattata del sangue delle foche che puliva al porto, segno che anche lei, come tutti, lavorava.

Con Gudrun avevamo una sorta di amicizia, un matrimonio spirituale. Mi aveva accettato fin dall'inizio come uno di loro. Una volta fui invitato a Monaco di Baviera per parlare di sciamanesimo, e chiesi a lei e a suo marito di partecipare. Ero andato a prenderli all'aeroporto, c'era una gran ressa e stentavo a individuarli. A un certo punto vidi questa donna venire verso di me e dire: «Ah, ecco mio marito».

«Ma cosa dici, Gudrun, tuo marito è lì, Tuduaaq», la corressi. È cieca, si è sbagliata, pensai.

«Sì, Tuduaaq è mio marito. Ma anche tu sei mio marito.»

Quando compì ottant'anni tutti dicevano che non poteva più morire perché aveva oltrepassato l'età di un uomo. Era come rinata. Aveva ripreso a fare la danza sciamanica al tamburo, che era stata vietata circa quarant'anni prima dalla Chiesa. Ma a lei non interessava: ballava e ballava, in modo sempre più intenso e sempre più spirituale. La cosa buffa era che il marito di Gudrun era il parroco del paese, il quale se la rideva ed era felice che la moglie coltivasse lo sciamanesimo.

Qui è così: una religione non è in conflitto con l'altra. Non riuscirei neppure a spiegare a un amico inuit che cosa sono le guerre religiose o le dispute tra le grandi confessioni monoteiste. Quando sono arrivati i missionari in Groenlandia la gente si è convertita perché per natura non vuole scontentare nessuno. Pensano che se una cosa non è cattiva allora va bene, perché no?

Oggi vanno in chiesa, e pure volentieri, perché si suona e si canta. È un ritrovo. Dicono: «Hai visto? Gesù ha i capelli biondi. È diverso da noi, però è molto forte, è una brava persona, ed è il capo delle varie tribù». Una volta a casa, ritornano alla tradizione sciamanica e non pensano neppure per un attimo che le due fedi siano in contrasto.

C'è un episodio che si racconta qui e che mi ha visto in parte, e tardivamente, protagonista.

Un giorno di molti anni fa è arrivata al villaggio una barca di escursionisti occidentali. Non voglio fare nomi, ma si trattava di persone molto conosciute e di cui i giornali in Europa avevano parlato moltissimo esaltandone l'impresa.

Questi «bianchi», come direbbero qui, si sono fermati un paio di giorni al porto per fare scalo e sono scesi per comprare qualcosa da mangiare e rilassarsi un po'. Come capita sempre in queste situazioni, i ragazzi del posto ronzavano intorno come mosche, curiosissimi di vedere che cosa trasportassero, quali novità tecnologiche avessero e così via. Lo fanno tuttora, ma stiamo parlando di un'epoca in cui i contatti con il mondo esterno quasi non esistevano. Dopo qualche giorno, però, sono cominciate a girare per il villaggio alcune voci preoccupanti.

«C'è qualcosa di molto strano su quella barca», dicevano i ragazzi. Raccontavano di avervi trovato a bordo un cane guida che uno di loro sapeva essere di proprietà di un cugino che abitava più a nord.

Era molto strano, qui nessuno darebbe mai via il proprio

cane guida, perché è fondamentale: è il più intelligente del branco e l'unico in grado di farsi rispettare dagli altri, nonché di prendere ordini dal cacciatore e trasmetterli alla muta di dieci e più esemplari che traina la slitta. È importante quanto il cane di un pastore, che se non è in grado di badare alle pecore potrebbe provocare la rapida estinzione del gregge. Non solo: qui ci si muove sul ghiaccio, e un cane che non sa guidare gli altri può anche mettere a rischio la vita del cacciatore.

I ragazzi hanno riferito di avere provato a chiamare il cane con il suo nome, e quello aveva risposto e si era messo ad abbaiare. Inoltre, aveva una macchia a forma di stella sul muso, cosa che lo rendeva inconfondibile. Insomma, erano proprio sicuri che fosse quel cane.

Tuttavia, non era solo la presenza di quello che ritenevano essere un cane guida a insospettirli: avevano trovato anche degli arpioni da cacciatore.

Gli arpioni hanno una punta di metallo e un bastone di legno legato a una corda. Il bastone è fatto su misura per ogni pescatore, e corrisponde più o meno al suo avambraccio. È come un'appendice del corpo che potenzia il lancio. Come nessun violinista darebbe ad altri il proprio strumento, allo stesso modo nessun pescatore potrebbe rinunciare al suo unico, personalissimo arpione.

Erano stati trovati persino dei kayak, e anche in questo caso si trattava di qualcosa di molto personale per un cacciatore, perché ogni kayak viene costruito intorno al suo girovita, in modo che non imbarchi acqua e permetta a chi lo guida di muoversi più agilmente.

Poiché non era nella natura di quei ragazzi sospettare cose brutte, si sono limitati a preoccuparsi: capivano che doveva essere successo qualcosa, ma non riuscivano a trarre conclusioni, e tantomeno osavano chiedere ai bianchi perché tutti quegli oggetti preziosi fossero sulla loro barca.

Alla fine qualcuno ha trovato il coraggio di farlo, e la risposta degli escursionisti è stata che avevano preso quelle cose perché i proprietari erano morti. Eppure, alla domanda: «Perché sono morti?» non davano spiegazioni.

Qualche mese dopo, appena è stato possibile partire per mare, un gruppo di uomini è andato con la barca quattrocento chilometri a nord per controllare.

Arrivati in quello che loro chiamavano «villaggio», sebbene si trattasse di tre o quattro casette costruite sottoterra, hanno trovato tutto abbandonato. C'erano ancora viveri e cibo, ma nessuno in giro. Sono tornati a riferirlo, e i bianchi dicevano che probabilmente quelle persone erano morte asfissiate dal fumo dei loro fornelletti.

Improbabile, perché qui il fuoco viene acceso sempre all'esterno e il grasso di foca è un combustibile debole, capace di produrre solo una fiammella molto piccola.

Insomma, non capivano cosa fosse successo e ne hanno parlato con Gudrun.

Era tutto molto strano, ma almeno quegli uomini erano vivi, perché altrimenti avrebbero trovato i corpi. Ma dov'erano finiti?

Qualche anno dopo Gudrun ha ricevuto un segnale da parte del clan scomparso. Il loro sciamano le aveva detto che erano scampati a un eccidio, e adesso avevano paura, tanta paura, e non volevano più avere alcun rapporto con l'uomo bianco.

Lei ha provato a convincere lo sciamano, gli ha spiegato che le cose erano cambiate, che anche l'uomo bianco era diverso e non c'era più bisogno di vivere nascosti. Gli ha proposto di mandare su qualcuno a vedere come stavano. Ma lui no, non voleva nessuno, desideravano solo essere lasciati in pace.

Tuttavia, un gruppo è partito ugualmente, gli stessi che erano andati la prima volta, più il direttore della scuola locale, un uomo colto e intelligente, a sua volta imparentato con il clan. Gudrun ha detto loro in quale fiordo si erano spostati e sono partiti.

La giornata era bellissima e molto limpida. In lontananza hanno scorto il fumo sottile dei focolai all'aperto, ma intorno non si vedeva anima viva. All'improvviso è salita una nebbia fittissima che ha coperto tutto.

Anni dopo il direttore della scuola mi ha raccontato di questo improvviso cambiamento climatico, e a suo modo di vedere non poteva che essere stato causato dallo sciamano. E mentre me ne parlava notavo che aveva paura.

Ormai vivevo in Groenlandia da un po', allora Gudrun mi ha chiesto di andare di persona a consegnare un messaggio allo sciamano.

«Ma sono bianco, e lui ha detto che non vuole bianchi.»

«No, gli ho spiegato chi sei tu e che non deve avere paura. Gli ho detto che sei uno di noi», mi ha tranquillizzato lei. Al che mi sono messo d'accordo con una troupe della RAI, che ha accettato di finanziare il viaggio, a cui però avevo posto una condizione: non rivelare la posizione del villaggio.

Appena ci siamo messi in mare ho capito che non ce l'avremmo fatta. Fin dalla prima notte di navigazione sono cominciati i problemi. Un tecnico del suono mi ha svegliato convinto che stessimo andando contro un iceberg. Era una notte senza luna, non si vedeva niente e ho acceso i riflettori per dimostrargli che non correvamo alcun rischio, ma questi sono caduti in acqua e li abbiamo persi. Un paio di giorni dopo il motore ha fatto le bizze, e in prossimità del fiordo che stavamo cercando si sono gelate le apparecchiature per le riprese. Non ci restava che invertire la rotta.

Gudrun, ovviamente, sapeva quello che stava succedendo.

«Lo sciamano è troppo forte», ha commentato scuotendo la testa quando siamo tornati. «Hanno paura, non c'è più niente che possiamo fare per loro. Non vogliono più vedere nessuno.»

Di questa storia piena di misteri, di cose difficilmente spiegabili e di telepatia mi è rimasta un'amarezza molto terrena: non potevo accettare il fatto che una nave di bianchi coperti di elogi avesse caricato oggetti preziosissimi per i cacciatori locali, né che, senza alcuna ragione apparente, un clan avesse abbandonato in fretta e furia le proprie abitazioni. E soprattutto, non mi andava giù che i bianchi non si fossero sentiti in dovere di spiegare che cosa fosse accaduto a un intero villaggio inuit.

7
Il posto delle anime

Mi ero ormai trasferito da un paio d'anni e mi stavo integrando. Un cacciatore era venuto a Tasiilaq a trovare dei parenti, e gli amici mi avevano invitato a conoscerlo. Fu una bellissima serata: mangiammo carne di foca e halibut, giocammo a carte e chiacchierammo molto. Era un tipo piuttosto spiritoso che viveva a Kulusuk, un piccolo centro vicino all'aeroporto.

Il giorno dopo lo accompagnammo al porto per un ultimo saluto prima della sua partenza. Lo vedemmo allontanarsi e sparire alla fine del fiordo. Tempo dopo scoprimmo che non era mai arrivato a casa. Nessuno lo rivide più.

«Non sono andati a cercarlo?» chiesi ai miei amici.

«Sì, certo, l'hanno cercato. Hanno girato in mare per giorni interi.»

«Neanche la sua barca hanno trovato? Quella non può essere sparita.»

«No, non è stata trovata neanche la barca.»

«Ma non è possibile...»

«È così», mi ripeteva Gudrun, senza cercare di convincermi a tutti i costi di cose che le parevano ovvie.

Da quando vivo qui mi sono confrontato spesso con avvenimenti che in passato avrei giudicato incredibili, talvolta riferiti, talvolta visti di persona. Sono troppo bianco per accettare passivamente l'irrazionale, quindi cerco sempre una spiegazione logica a quello che osservo. Eppure, con il tempo ho cominciato a capire che certe cose accadono, e forse non vale tanto la pena di interrogarsi se siano reali o se ce le siamo semplicemente sognate.

Qualche anno fa, per esempio, si presentò in paese la stessa coppia che aveva offerto molluschi crudi a me e a Pavia, quando ero andato a trovarlo al suo villaggio. Dopo il nostro primo incontro ero tornato da loro più volte, ed eravamo diventati amici. Nel posto in cui vivevano, in origine c'erano due o tre famiglie, poi, a mano a mano che i vecchi erano morti, erano rimasti soli. Si tratta di un fiordo molto isolato persino per gli standard locali, ma essendo ricco di pesce ogni tanto qualcuno passa e si ferma per gli halibut. A parte queste visite estemporanee, i due vivevano sempre da soli.

«Che ci fai qui?» chiesi al mio amico quando lo vidi in paese, sorpreso e felice al tempo stesso.

«Mah, sai, Robertì...»

Era strano e spaventato mentre mi raccontava quello che gli era appena successo.

Due giorni prima, al villaggio, era uscito di buon mattino come sempre per andare a prendere la carne per i cani. Il casotto dove teneva i viveri si trovava a una ventina di metri da casa, e quando aveva aperto la porta non c'era più carne. Niente, neanche un etto, sebbene ne avesse messi via trecento chili qualche giorno prima.

Accidenti, ma non è possibile! aveva pensato.

Dopodiché era tornato indietro, si era guardato intorno e aveva cercato tracce del passaggio di qualcuno. Il posto era isolato e circondato da una vasta pianura, quindi era impossibile avvicinarsi senza essere notati.

Non vide segni. E del resto i cani avrebbero sicuramente abbaiato se fosse passato qualcuno. C'era un'unica spiegazione possibile: era opera di un demone.

Che cos'altro, sennò?

Ripercorrendo a ritroso i venti metri che lo separavano dalla casa, si accorse di un altro particolare, forse ancora più spaventoso: i cani erano muti, non avevano ancora aperto bocca. Quando ero stato da lui avevo sentito le urla e gli strepiti dei suoi cani affamati ogni volta che lo vedevano andare verso il casotto. Per loro significava che presto avrebbero mangiato, e facevano un rumore del diavolo. Invece quella volta non avevano fiatato.

Il mio amico era rientrato in casa preoccupato. Aveva paura. Mentre era alla finestra a interrogarsi sul da fare, a un certo punto, sul versante opposto del fiordo aveva visto la sua carne: tutti i trecento chili erano lì davanti ai suoi occhi.

Aveva caricato il fucile, preso la slitta e percorso la discesa giù fino al mare, poi aveva attraversato il piccolo fiordo ghiacciato ed era arrivato dall'altra parte, dove c'era il mucchio di provviste. Anche lì nessuno in vista, niente tracce, ma almeno aveva di nuovo la sua carne e poteva nutrire i cani. L'aveva quindi caricata sulla slitta e riportata nel casotto.

Quando la moglie, che era in casa e non si era accorta di nulla, gli aveva chiesto dove fosse stato, aveva inventato una scusa per non allarmarla. Poi erano andati a dormire e il giorno dopo tutto sembrava tornato alla normalità.

Due o tre sere più tardi la donna si era svegliata per andare «in bagno» – un semplice secchio che tenevano in una specie di intercapedine tra la porta di casa e un paravento esterno –, e mentre era seduta lì aveva sentito la porta sbattere ripetutamente sebbene non ci fosse vento.

Strano, aveva pensato.

Poiché il paravento le dava fastidio, l'aveva aperto per sistemarlo un po' meglio, e in quello stesso momento qualcosa dall'esterno le aveva afferrato il braccio con una presa talmente forte che non riusciva neppure a gridare dalla paura e dal dolore.

La donna aveva cercato di non farsi trascinare via: sapeva che se fosse stata scagliata fuori di casa per lei sarebbe finita. La lotta era andata avanti per un po', forse qualche minuto, forse meno, finché a un certo punto aveva avuto l'intuizione giusta: aveva afferrato la maniglia della porta per aggrapparsi alla casa, e con l'altra mano aveva spinto il paravento contro quella specie di braccio che le stringeva e tirava la mano. E si era liberata.

«Sembrava una furia», mi raccontò il mio amico.

La moglie era rientrata in casa e l'aveva svegliato per raccontargli che un demone aveva tentato di ucciderla.

Lui aveva preso il fucile, l'aveva caricato e insieme avevano passato la notte svegli in attesa che facesse giorno. Al mattino erano andati a cercare qualche traccia, ma anche questa volta non c'era alcuna impronta sulla neve. Allora lui le aveva riferito l'episodio della carne.

A quel punto la moglie era talmente spaventata che avevano deciso di lasciare la casa. Avevano preparato la slitta e i cani, e poche ore dopo erano arrivati a Tasiilaq.

«Fammi vedere il braccio», chiesi alla donna che stava lì accanto. «Ti ha fatto male?»

Lei si tirò su la manica del maglione e mi mostrò il segno inconfondibile di quattro dita.

Molti avrebbero potuto pensare che fosse stato il marito, ma io li conoscevo bene e mi sentivo di escluderlo. Un giorno che lui era andato a caccia avevo trovato sua moglie seduta fuori ad aspettarlo al freddo. Non era preoccupata, voleva semplicemente assicurarsi di accoglierlo appena fosse tornato. Ci saranno stati trenta gradi sottozero, ma lei non ne voleva sapere di rientrare in casa. Era stata lì più di un'ora, e quando lui era arrivato si erano baciati come due sposini, sebbene stessero insieme da almeno trent'anni.

Dopo l'episodio del demone rimasero qualche giorno dal figlio a Tasiilaq, ma avevano troppa nostalgia del loro fiordo e alla fine tornarono dove avevano sempre vissuto. Sono morti di recente, a poca distanza l'uno dall'altra.

Credo che all'origine dei continui avvistamenti, degli eventi inspiegabili e dei misteri che si verificano in Groenlandia ci sia la solitudine, che qui è un concetto diverso da come lo intendiamo noi occidentali. Non si tratta di non avere un amico con cui passare del tempo o una compagna, né di ritrovarsi a partire da soli o non ricevere telefonate. Qui la solitudine è assoluta: l'immensità del territorio produce un silenzio assordante, e l'uomo è sovrastato dalla maestosità della natura. È una solitudine che può essere tanto terrificante quanto meravigliosa, perché rende più accorti: le orecchie si tendono ad ascoltare i rumori, anche i più lievi, e lo sguardo si apre a ogni più piccolo dettaglio.

Per diversi mesi all'anno in questa terra l'udito si sintonizza sul sibilo del vento o della neve, nient'altro: questo può anche spaventare, ma offre la possibilità di percepire molto di più, di entrare in uno stato fisico e psichico completamente nuovo.

Il soffio del vento inizia così a diventare musica, a raccontare le storie dell'altopiano, il dramma di chi non è sopravvissuto in mezzo al ghiaccio, ma anche la gioia di chi sul ghiaccio ha costruito una famiglia, una vita. Qui i venti sono catabatici: nascono nei ghiacciai, scendono verso la pianura spazzando la neve e ritornano su in cielo a raccogliere nuova forza. Parlano di corse affannate di animali in cerca della loro preda, o di uomini intenti a costruire un rifugio per sopravvivere alla notte.

Il demone, per gli inuit, è un essere umano e sovrumano al tempo stesso. Come gli uomini, ha un suo carattere: si può arrabbiare, può essere amico o nemico, buono o cattivo secondo i giorni. Qui non esiste nulla di esclusivamente bianco o nero, la visione manichea non appartiene a questo popolo.

Il mare, per esempio, è un demone femmina con lunghi capelli in cui sono intrappolate migliaia di foche. È amica quando permette di pescare, nemica quando si ghiaccia e impedisce di navigare. Gli inuit la temono perché si dice abbia un carattere difficile, e bisogna impegnarsi a fondo per convincerla a liberare le preziose foche impigliate nella sua chioma.

Anche il vento ha un'anima, anzi due. Quello caldo, che viene dal mare, è un demone femminile; quello gelido, che scende dall'altopiano, è invece maschile, e porta il freddo e la paura.

Ricordo la prima volta che un ragazzo di Tasiilaq mi ha raccontato che cosa rappresenta l'aurora boreale per la gente di qui: le scintille delle anime dei neonati mentre giocano a palla. La trovavo una spiegazione molto poetica, ma per me l'aurora boreale restava un fenomeno ottico dell'atmosfera terrestre. Tuttavia, dopo averne viste dieci, cento, mille per così tanti anni, ho cominciato anch'io a intravedere quei bambini: prima solo uno, poi due, tre, finché ho iniziato a riconoscere in quel tripudio di luci e riflessi anche un pallone, di quelli che si usano qui, cuciti dalle mamme con le pelli di foca.

Il sole è una cosa più stabile: ogni tanto più freddo o più caldo, ma è sempre il sole. Invece l'aurora boreale, che qui si vede tutto l'anno tranne d'estate, è come un terremoto nel cielo: è un fenomeno velocissimo, impercettibile; nel momento stesso in cui lo osserviamo non possiamo prevedere quello che succederà un secondo dopo. È come una battaglia di sfere celesti, un impazzimento cromatico che però avviene nel silenzio più assoluto. Silenzio della natura e silenzio degli uomini, che lo guardano a bocca aperta, con quell'atteggiamento di rispetto e timore tipico del popolo inuit.

Più si guarda in alto, più le sfumature rosse virano al giallino, poi al verde. Ci sono luci che da diecimila metri di altezza precipitano in pochi istanti verso il basso, fino quasi a toccare terra. È una luce, certo, ma è molto di più. Io la vedo come una sinfonia colorata. Per noi occidentali la luce è luce e la notte è notte, ma qui si prova tutt'altra sensazione, che impressiona in senso positivo. E questo mi fa pensare, ancora una volta, che qualcosa in questo mondo non è come l'abbiamo letto nei libri.

Non so se la solitudine o l'immensità della natura o il silenzio siano risposte esaustive al mistero del cacciatore scomparso nel nulla o delle aggressioni a una coppia perduta nel suo fiordo, ma forse giustificano una diversa disposizione d'animo, un'apertura mentale nei confronti dell'ignoto che manca a noi bianchi. Pensare che esista un luogo in cui le anime vengono raccolte e da lì proseguono la propria vita, un posto in cui rimane traccia delle persone anche se non possiamo più vederle o toccarle, a mio parere rappresenta un modo di intendere le cose più affascinante che giustificare la sparizione di un uomo secondo il moto delle correnti.

«Il vento era molto forte», avremmo detto noi, alzando le spalle. Ci rassicura pensare che esista un inizio e una fine, un vero e un falso, il possibile e l'impossibile.

Nel nostro mondo, quello organizzato e tecnologico, tendiamo a escludere a priori tutto ciò che non è dimostrabile. Non vale neppure la pena parlarne, altrimenti si passa per creduloni ingenui. Ogni volta che mi capita di parlare con i turisti dello sciamanesimo, infatti, non mi sbilancio per evitare che mi chiedano come la penso. Metto sempre le mani avanti e dico che sto riportando quello che mi hanno detto.

Da ragazzo, a Innsbruck, un medico mi aveva sottoposto a una serie interminabile di esami per stabilire se fossi adatto allo sport estremo. Assolutamente no, era stato il responso, perché il cuore avrebbe dovuto pompare più sangue, la pressione era troppo alta e così via. Meglio una professione compatibile con la mia salute cagionevole, aveva detto. E penso che avesse ragione, perché glielo avevano detto i test. Ma oltre alla verità degli strumenti c'era anche la mia volontà di farcela: magari facevo fatica a invitare una ragazza a pranzo, ma su una parete ripida non avevo problemi, trovavo sempre la lucidità necessaria per puntare il bastoncino in quell'unico punto che mi permetteva di girarmi senza precipitare.

Non sono nato con un corpo da atleta, eppure sono stato il primo uomo ad affrontare l'altopiano groenlandese in solitaria d'inverno. Perché ci credevo.

Qui la mentalità è un'altra. Di fronte a misteri insondabili tutti dicono: «È successo», «È stato», non: «Forse»,

«Pare che...» C'è una disponibilità nei confronti dell'inspiegabile completamente diversa dalla nostra.

Una volta un amico mi ha detto che non ci si può porre troppe domande: «Certe cose semplicemente *sono*, Robertì».

Spingendosi oltre lo schema con cui siamo cresciuti, al di là della razionalità, si entra in un mondo con molte possibilità in più, in cui la gamma del reale si amplia a dismisura. È come aggiungere una nuova prospettiva al nostro modo di pensare.

Questo popolo sa sospendere il giudizio, gode di una purezza intatta, è capace di stupirsi. Ed è con questa disposizione d'animo che mi hanno accolto, nonostante i bianchi qui non abbiamo fatto altro che umiliarli. Se anche gli ultimi cento bianchi ci hanno aggredito e depredato, tu sei il centounesimo. Vediamo chi sei. È così che si sono comportati con me.

È in questo substrato di solitudine e apertura all'ignoto che trova origine lo sciamanesimo, che non è una vera e propria religione, quanto piuttosto una filosofia, un modo di dare nomi agli elementi naturali per capirli e averne meno paura, o per ringraziarli quando risparmiano la vita.

Non è molto diverso da quello che facevo nella mia vita precedente, quando ero un esploratore: non ho mai pensato di essere più forte della montagna, bensì un ospite a cui la roccia stessa concedeva di salire.

Lo sciamanesimo è una risposta alle paure.

Immaginiamo di fare una bella nuotata in mare aperto. Superiamo una piccola insenatura e ci ritroviamo in mezzo a correnti molto forti. Proviamo a dare un paio di bracciate energiche per recuperare la riva, ma l'acqua si oppone e abbiamo la sensazione di allontanarci anziché avvicinarci. Siamo stanchi, le onde sembrano solide, dure, e la riva è sempre meno distinguibile. All'adrenalina dei primi minuti subentra la paura, presto il panico si impossessa di noi e perdiamo la capacità di ragionare. Ci manca il respiro, l'acqua è al mento, la corrente ci trascina giù. Urliamo, ci chiediamo perché proprio a noi, magari ce la prendiamo con noi stessi, con il destino o con la natura, poco importa. Non vogliamo morire.

Lo diciamo al mare, alle onde, alla corrente. Altro non c'è. Chiediamo loro di darci tregua, di lasciarci in pace, di aiutarci: dando un nome alle nostre paure, un po' le domiamo e un po' le vinciamo. Corrente, perché lo fai, perché mi porti fuori, perché non capisci che non ho più le forze di rimanere in acqua. E nello stesso momento in cui si parla alle onde e alla corrente, si comincia già a entrare nell'ottica dello sciamanesimo.

Lo sciamanesimo è nato dalla paura della notte, che qui dura mesi. Rifugiati in queste case minuscole, con il freddo e il vento che fuori soffiava a raffiche, le persone avevano paura, vedevano demoni nascosti in ogni angolo oscuro pronti ad aggredirle, temevano che se si fossero addormentate sarebbero state uccise, ma allo stesso tempo erano troppo stanche per stare sveglie. Avevano camminato per ore, in mezzo alla bufera, erano riuscite a rintanarsi da qualche parte e avevano fame, perché neanche in quel fiordo c'erano foche, e le forze cominciavano a venire meno. In quei momenti lo sciamano era chi riusciva a infondere coraggio, a parlare con i demoni per scacciarli, per chiedere loro di risparmiare la sua famiglia.

Qui non esistono preghiere o riti propiziatori, non si accendono fuochi. Ciascuno dev'essere in grado di fare quello che è giusto, poi sarà il destino a decidere ciò che si merita. Non serve un intermediario con il divino, nessuno avrebbe mai l'arroganza di credersi un prescelto, un interlocutore privilegiato. Nella loro lingua non esiste la parola «rispetto». Per esprimere questo concetto si dice: «Ho paura di quella persona».

In una società così egualitaria anche lo sciamano era ed è un uomo o una donna come tutti gli altri, con il compito di cacciare o cucire come qualsiasi altra persona. Magari è un cacciatore mediocre, uno che è caduto in acqua con il kayak – qui è considerata una grave umiliazione – o che non è tanto bravo ad andare sulla slitta, però al momento opportuno sa vedere oltre questo orizzonte bianco e infondere coraggio. Nella vita normale non è niente di speciale, però appena serve, quando il panico si impossessa del villaggio, lo sciamano semplicemente c'è.

8
Il nome della paura

Quando Knud Rasmussen, uno dei primi antropologi a fare ricerca sul campo tra gli inuit, chiese alla sua guida in che cosa credesse, questa gli rispose: «Noi non crediamo, noi abbiamo paura».

Un giorno lo sciamano Gudrun venne a trovarmi. Aveva l'aria stanca, spossata. Certo, era vecchia, però di solito era forte e in forma, trasmetteva freschezza. Ma non quel giorno.

«Che cosa c'è?» le domandai.

«Qualcosa non va in paese. E ho paura per i miei figli.»

Aveva ordinato alla figlia di tenere le finestre chiuse e di non aprirle per nessuna ragione al mondo.

«Ma perché?» dissi stupito.

«Ci sono i demoni, li sento, sono fuori dalla casa. E spingono per entrare.»

Gudrun temeva che potessero fare del male alla figlia e ai nipotini.

«C'è un sibilo, un rumore molto sottile che mi fa male alle orecchie, non mi lascia dormire. Le ho detto di non aprire mai», continuò.

Non l'avevo mai vista così preoccupata. Provai a calmarla, ma fu inutile.

«Ho paura», ripeté.

Questo suo timore trovò un nome nei giorni successivi. Era successa una cosa brutta in paese: un ragazzo si era suicidato, e pochi giorni dopo i suoi famigliari avevano tentato a loro volta di togliersi la vita. Nessuno lo sapeva quando parlai con Gudrun, perché la salma non era ancora stata trovata: è un particolare crudele da raccontare, ma qui i cadaveri non puzzano. Da queste parti anche la morte può arrivare nel totale silenzio ed essere scoperta parecchio tempo dopo.

Il male – il dolore, la disperazione, diremmo noi – era nell'aria, e Gudrun aveva paura che si impossessasse di qualcuno della sua famiglia o del suo villaggio.

«Ho paura», non smetteva di dire.

La religione per il popolo inuit è una pratica quotidiana, anche se forse questa definizione rischia di essere riduttiva. Lo sciamanesimo è la vita stessa, ne è parte imprescindibile. Non esiste una divinità che sta sulle nuvole, lontano. La spiritualità è in tutto, la si avverte nel sibilo del vento, che altro non è che la voce di un dio, così come nel sole che scalda il tetto di una casa, o nella tempesta che arriva sul villaggio e potrebbe spazzarlo via. Può essere una richiesta d'aiuto, un ringraziamento, un'imprecazione. È una spiritualità immanente che nella vita degli inuit funziona come una sorta di vademecum: offre risposte esaustive a ciò che altrimenti farebbero fatica a capire, e soprattutto ad accettare.

Ho sempre pensato che le grandi religioni monoteiste siano distanti dalla quotidianità, che considerino l'esistenza e il credo due cose diverse e lontane. Per anni ho fatto fatica ad avere fede in un dio, perché mi sembrava che le scritture parlassero una lingua troppo diversa dalla mia. E in effetti è così: le grandi religioni monoteiste sono nate in luoghi e culture ben precisi, e ne portano il segno. Il cristianesimo è sorto dove c'era il deserto, il caldo arido e secco; quando arriva a noi, che non portiamo il turbante, o si snatura per essere capito o rimane coerente con le sue origini e porta messaggi difficili da comprendere. Se avesse avuto origine in Germania, forse al venerdì sarebbe stato vietato il burro; ma che senso avrebbe, per esempio, imporre questa rinuncia in Thailandia, dove il burro non sanno neanche cosa sia?

Se invece uno vive in questa distesa bianca e ghiacciata, con la neve alta, si ritrova quasi automaticamente a pensare: Che cosa faccio adesso? Quindi parla con la neve convinto che gli risponderà, o con il vento sperando che lo ascolti e si calmi.

Lo sciamanesimo è proprio questo: la filosofia della natura. Molto semplice, certo, ma comunque una filosofia. Non c'è alcun sistema di pensiero, né una gerarchia ecclesiastica: nessuno ha mai scritto una Bibbia dello sciamanesimo. Le storie sono tramandate di bocca in bocca. Anche perché non c'è granché da spiegare: è l'istinto a intuire di che cosa si tratta.

In Groenlandia la religiosità è espressione diretta della paura, che nella parte orientale del Paese vuol dire un po' tutto: è ciò che non si vede, non si sente e non si capisce. Gli inuit non odiano di certo i bianchi, ma se chiedete a uno di loro che cosa ne pensa, vi dirà che li teme. Magari solo perché sembrano forti, potenti, intelligenti.

La paura degli inuit non corrisponde alla nostra idea di qualcuno che batte i denti per lo spavento. Laddove noi diciamo «fobia», «timore», «fastidio» per qualcosa di bizzarro o di anormale, loro usano una sola parola: «paura». È forse simile a quello che in italiano chiameremmo ignoto.

La loro lingua è primitiva, fatta di singole parole che spiegano quello a cui noi diamo magari venti nomi diversi. Noi abbiamo espressioni molto sottili, molto circostanziate per esprimere lo stesso concetto, mentre loro ne hanno una sola.

Quando dicono: «Ho paura», non ne spiegano la ragione, non sono abituati a riflettere sui loro problemi. Con lo sciamanesimo riescono quindi a dare un nome o un corpo alle proprie paure, le esorcizzano, così tutto diventa più semplice, perché si dà un volto alla propria paura, in qualche modo la si sfida.

«Quindi, hai avuto paura?»

«Chissà quanta paura devi avere avuto quella volta!»

Nella mia prima vita di escursionista dell'estremo, queste erano le domande che mi facevano più spesso quando mi ritrovavo a raccontare un'impresa. Gli amici me lo chiedevano prima che partissi – «Non hai paura?» – e di solito era un modo gentile per cercare di dissuadermi.

Personalmente, ho sempre visto le cose in maniera molto diversa. Sono convinto che, subito dopo una dose più o meno grande di sofferenza, la paura sia una parte fondamentale della nostra vita. Credo che il popolo inuit dica spesso «Ho paura» perché è gente profondamente rispettosa.

Nessuno ha dimostrato coraggio quanto loro. Adesso vivo in Groenlandia in una casa con il riscaldamento e ho un'automobile, ma loro hanno vissuto qui per secoli senza niente, se non le foche da cui ricavare il grasso per il combustibile, la carne per nutrirsi e la pelle per coprirsi. Hanno imparato che tutto è relativo: non conoscono l'arroganza, perché sanno che una raffica di vento potrebbe distruggere il loro riparo e un passo falso potrebbe farli cadere in un crepaccio.

La paura non è per forza un sentimento negativo, venire qui me l'ha confermato. Aiuta a sopravvivere. Se non provassimo paura saremmo smarriti, anzi spauriti.

Credo sia essenziale distinguere tra paura, che è sana, e fobia, che ne è la degenerazione patologica.

«Sì, ho avuto molta paura», era di solito la mia risposta, ma si trattava di un sentimento che mi elevava: certo che avevo paura di attraversare un passaggio difficile in cui sarebbe bastato un minimo errore per precipitare.

Tuttavia, quel momento critico era anche magico, e ne ero affascinato. Lo cercavo, lo volevo, e mentre lo vivevo pensavo solo che era bello, perché la paura era parte di me, mi rendeva presente a me stesso, ero io al cento per cento.

La paura, se compresa e addomesticata, in alcuni casi assicura una concentrazione assoluta che permette di dare il meglio di sé, di fare esattamente la cosa giusta nel momento giusto. È come un calciatore che, davanti a milioni di persone, è chiamato a battere un rigore nella finale del campionato del mondo: sa che tutti lo guardano, che lo impiccheranno se sbaglierà, quindi ha paura, sarebbe assurdo non averne, ma forse proprio per questo tirerà il miglior calcio di rigore della sua vita. E passerà gli anni successivi a ricercare non il momento del trionfo o della delusione, ma gli istanti prima, quelli in cui doveva decidere se tirare a destra o a sinistra, forte o piano, di collo o di piatto.

La paura è un dispositivo funzionale del nostro carattere, mentre la fobia si pone a un livello di conoscenza inferiore. Prendiamo un cervo, per esempio. Se si accorge di essere sotto tiro, reagisce con una forza incredibile: può fare balzi agili e spericolati, e correre per lunghissimi tratti al massimo della velocità. Questa è la paura. Se però si arrende, la situazione si ribalta: rimane bloccato, pietrificato, non riesce più a fare un passo perché cade nella fobia, e in sostanza si consegna al suo carnefice. È come se andasse a sbattere contro un limite, che per lui significa non trovare più le forze mentali necessarie per spingersi oltre.

Ma il limite non è mai assoluto; è contingente, individuale, soggettivo. Non ho mai permesso che questo mi fermasse, e ho nutrito, al contrario, una fiducia quasi totale nella forza di volontà. Da sempre. Al liceo mi venne in mente che sarebbe stato meraviglioso conoscere i Paesi del Mediterraneo. Dopotutto ero un montanaro, e avevo la curiosità di vedere luoghi molto diversi dalle mie Alpi. Cominciai a risparmiare e a parlarne con gli amici, che pensavano fossi matto: «Peroni il matto», dicevano. Poi un giorno, un anno prima della maturità, siamo partiti. Quattro giovani sudtirolesi che non parlavano altra lingua se non il tedesco e un italiano con l'accento pesante, senza altri documenti a parte la patente, a bordo di una macchina mezza scassata.

In testa, un unico obiettivo: fare il giro del Mediterraneo. Letteralmente. Andammo prima in Grecia e poi in Turchia, da lì entrammo in Siria e rimanemmo bloccati due settimane alla frontiera con il Libano. A casa, naturalmente, avevamo raccontato che ci saremmo diretti a est, ma senza specificare bene quello che avevamo in mente. Ogni due o tre settimane mandavamo una cartolina dai vari luoghi, informando i genitori poco per volta. Dalla Jugoslavia scrivevo: «Ciao, stiamo andando in Grecia e forse proseguiamo per la Turchia, che dev'essere tanto bella». In Turchia accennavo alla possibilità di spingerci oltre, finché a un certo punto capirono e a casa si rassegnarono a non vederci per un po'.

Passavamo giornate intere senza incontrare nessuno. Malgrado le difficoltà, l'idea di rinunciare non ci sfiorò mai. Era tutto così nuovo. Quando raggiungemmo Assuan, nel Sud dell'Egitto, non c'erano le strade, solo piste polverose e ponti per i treni; andammo sulle rotaie con la macchina perché altrimenti saremmo dovuti tornare indietro.

Percorremmo più di venticinquemila chilometri in tre mesi. Arrivammo in Marocco, e da lì in Spagna con il traghetto, poi lentamente verso casa.

Il limite non è nient'altro che una barriera filosofica del pensare.

Migliaia di anni fa gli uomini non erano agricoltori, ma cacciatori. Poi uno ha capito che bisognava stare in un posto perché lì crescevano le mele, e conveniva fermarsi per coltivarle. Quando i cacciatori passavano, però, gliele prendevano. Lui non poteva accettarlo, allora costruiva un recinto per difendere il campo. Quelli lo scavalcavano e gli prendevano il raccolto. Allora lui alzava la staccionata, ma i cacciatori erano più intelligenti: prendevano una scaletta e scavalcavano anche quella. A un certo punto ne ha costruita una così alta che nessuno poteva più entrare, ma neppure lui uscire. È in quel momento che il limite è diventato negativo.

Il contadino ha avuto paura e ha eretto le barricate anziché trovare una soluzione che gli permettesse di vivere meglio: ha fatto un passo senza pensare alle conseguenze. È quello che sta succedendo oggi alle nostre città, in cui i ricchi si rifugiano in case sempre più protette con dispositivi di sicurezza, trasformando la propria fortuna in una gabbia.

Gli inuit hanno paura, ma non hanno mai perso la capacità di aprirsi al mondo, di stupirsi, di impegnarsi a capire una cultura come la mia, per esempio, che ai loro occhi appare così strana.

9

La fuga dal bosco o la scienza della sopravvivenza

La Groenlandia è una terra situata nell'Artide, e con i suoi oltre due milioni di chilometri quadrati, sette volte l'Italia, è la maggiore isola della Terra. Si calcola che la fascia di territorio sgombra dai ghiacci costituisca il 15 per cento dell'intera superficie del Paese.

Qualcuno una volta in Italia, quando ho raccontato del mio primo incontro con il mondo inuit – l'aneddoto del ragazzo «abbandonato» dai compagni –, mi ha fatto notare che forse c'era stato da parte loro il desiderio di mettere noi stranieri alla prova, di vedere come ci saremmo comportati. Sapevano che non eravamo cattivi, e forse volevano vedere se avremmo aiutato il ragazzo. E probabilmente lui era d'accordo, per questo non si era spaventato.

Non lo posso escludere, ma penso che in questa interpretazione ci sia molto del nostro modo di vedere le cose. Nella visione degli inuit gli scherzi sono educativi, aiutano a prepararsi alle avversità di una terra tanto ostile, in cui è facile trovarsi in situazioni di emergenza. Questa mentalità fa parte di loro e non l'hanno mai abbandonata, anche se non vivono più sottoterra.

Mentre scrivo seduto al computer, in questo momento, la casa per fortuna è calda, ma fuori ci sono trentadue gradi sottozero e il vento soffia a centoventi-centotrenta chilometri orari. Sibila alle finestre e spazza la neve contro tutto quello che incontra. Abito in una casa moderna, di legno, costruita qualche anno fa, eppure ogni inverno capita che si rompa un tubo e resti senz'acqua corrente per una settimana, o che la neve sfondi il tetto e goccioli nelle stanze. La modernità non può cancellare un clima tanto ostile.

Persino nelle nostre società ad alto tasso tecnologico può accadere un imprevisto: per esempio, possiamo rimanere senza benzina in una zona isolata dove non prende il cellulare.

L'altro giorno parlavo con un medico milanese, un oncologo, grande appassionato di sport e di sci in particolare. Era venuto a trovarmi a Tasiilaq, stavamo bevendo un caffè guardando fuori dalla finestra e mi ha raccontato una cosa che gli era successa qualche tempo prima.

Una mattina d'inverno si sveglia molto presto, è ancora buio. Per caso, o meglio, per abitudine consolidata, il giorno precedente ha controllato le previsioni meteo di una località montana in cui è solito andare a fare sci di fondo. In quel periodo si sta allenando per una gara che desidera fare da molto tempo. Niente di estremo, ma comunque un percorso impegnativo per un non professionista che trascorre tutta la settimana in un reparto ospedaliero.

Aprendo gli occhi si ricorda che l'unica visita del mattino è stata annullata e ha qualche ora di libertà fino a mezzogiorno. È un'ottima occasione, pensa. Lascia dormire la moglie, controlla che i suoi tre bambini stiano dormendo, ed esce. Da Milano imbocca la tangenziale e poi l'autostrada. Sono le cinque e mezzo, non albeggia ancora e fra poco vedrà le montagne. Calcola che può allenarsi due ore e poi tornare indietro in tempo, senza nemmeno dover avvertire nessuno. È felice: non gli capita spesso di poter staccare, tra famiglia e lavoro è costantemente sotto pressione.

Ancora al volante, assapora con la mente il piacere della neve sotto gli sci, l'aria frizzante della montagna. Arriva nel posto che conosce, infila le scarpe, la tuta, la giacca a vento e, dandosi una bella spinta con le racchette, inizia la sua gita. Ci sono dieci gradi sottozero, ma il cielo è limpido e l'aria secca. Comincia a spuntare il primo chiarore. Dopo un quarto d'ora il suo lavoro, la città e le preoccupazioni svaniscono. Ci sono solo lui e la neve, e i suoi movimenti sempre più fluidi.

Sente la temperatura salire, lo sforzo fisico scalda, e senza neppure fermarsi appoggia la giacca a vento sul ramo di un albero: tanto non c'è nessuno, e nel giro di un'ora sarà di ritorno.

Va veloce, molto veloce. Non male per un neoquarantenne, pensa. Vede gli alberi sfrecciare alla sua destra e in lontananza, dietro un pino, gli sembra di notare un capriolo. Non ne è del tutto sicuro: scorge una macchia chiara, immobile, che si confonde con il candore del paesaggio. Aguzza la vista, vuole capire, e intanto braccia e gambe lo spingono in avanti.

Guarda il capriolo. Sì, ha fatto appena in tempo a capire che è davvero un capriolo quando sente gli sci incrociarsi. Un attimo di distrazione, forse un ramo sul tracciato: non lo sa, mi ha detto, perché non stava guardando a terra. Capisce che sta per cadere, prova a riprendere l'equilibrio, fa un movimento strano, le gambe si accavallano, finisce a terra. Impreca.

Avverte un dolore fortissimo alla gamba destra, tenta di muoverla, il dolore aumenta e la gamba non risponde. È un medico, fare diagnosi è il suo lavoro, e anche se non è un ortopedico capisce che si tratta di una frattura. Di sicuro alla tibia, forse anche al perone. Impreca ancora. Lancia un guanto a terra, nella neve. Quasi gli dispiace di non essere in ospedale, tranquillo, al suo posto, con tutti i gesti e le abitudini consolidate a rassicurarlo. Non si è ancora reso conto della situazione, è solo arrabbiato e sofferente. Riprova a muovere la gamba. Niente.

Mette mano alla tasca per estrarre il cellulare, il primo gesto di sopravvivenza nelle società tecnologizzate. La tasca non c'è: ha lasciato la giacca parecchi chilometri prima, almeno a mezz'ora di distanza. Da quando è partito non ha incontrato nessuno, sono le otto, è in un bosco isolato e non ha avvertito che sarebbe andato ad allenarsi.

Inizia a sentire freddo, la temperatura è leggermente salita, ma di sicuro è ancora sottozero. È immobile, e senza giacca a vento. Capisce che deve reagire, che non ha molto tempo. Deve fare qualcosa, decide, la frattura in questo momento è il minore dei mali. Sa che se tra mezz'ora non sarà passato nessuno, non avrà abbastanza tempo per tornare indietro ed evitare che la gamba vada in necrosi.

Ripeto, è un medico, e in qualche modo è in grado di valutare la situazione per quella che è. Nonostante il dolore, si tira su, striscia verso la racchetta che ha lasciato cadere e si tiene in piedi con l'altra, poi si stecca la gamba. Usa una racchetta e gli elastici per tenere insieme gli sci, cerca di mettere la gamba dritta e di bloccarla il meglio possibile. Quando gli sembra di esserci riuscito, si sdraia prono sugli sci e comincia a spingersi con le braccia. Ha un male terribile, fatica moltissimo, ma sa che è l'unico modo per salvare la gamba. E allora spinge, spinge, urlando per il dolore.

La Groenlandia è un Paese in cui si può incorrere in una situazione simile in ogni momento. Gli scherzi degli inuit possono sembrare quasi spietati, ma è l'unico modo per abituare una persona ad accettare la sfida di vivere in un ambiente tanto difficile. Ci sono regole non scritte che vengono applicate da sempre: per esempio, se uno cade dalla slitta deve tornare a casa da solo a piedi, anche se questo significa camminare una giornata nella neve alta.

Gli inuit sono un popolo dolcissimo, ma qui la regola è che non ci si aiuta troppo, per non viziare l'altro. Per loro questi scherzi, come quello di cui era stato vittima il ragazzo, sono un allenamento alla sopravvivenza. Se qualcuno non trova niente da mangiare non deve dire che ha fame, perché per tre giorni tutti possono stare tranquillamente senza mangiare, e così dev'essere. Se uno comincia a dire non ho questo, non ho quell'altro, ho freddo, sono stanco, be' qui non può farcela. È questa la mentalità che coltivano, anche se non dormono più sottoterra e abitano in case normali, ma qui la natura è così ostile che il modo di vivere non si può cambiare più di tanto.

La sopravvivenza è inscritta nella loro storia, è la caratteristica fondante della cultura inuit.

Non si sa esattamente dove e quando sia nata la società inuit, ma siamo nell'area della Mongolia, circa quaranta o cinquantamila anni fa. All'interno di una comunità, di un insediamento molto vasto, c'è una frattura: una lotta fra clan, una lite per questioni di territorio, una disputa nella gestione delle bestie. Non siamo in grado di dirlo, sappiamo solo che a un certo punto i mongoli del Nord vengono cacciati da quelli del Sud. L'obiettivo è eliminare la stirpe nemica: da sud spingono questo popolo sempre più a nord, lontano dai boschi e dai pascoli, nella tundra. Nel bosco ci sono gli animali, si può trovare da mangiare, c'è la legna per costruire le case e accendere fuochi. Fuori dal bosco, c'è la morte.

Ma quelli che diventeranno gli inuit si aggrappano alla terra, e come le talpe capiscono che se non possono costruire le case in superficie, troveranno il modo di costruirle *sotto* la terra.

È puro pragmatismo, lo stesso che ha insegnato ai montanari a tenere le case basse, perché il calore tende a salire e andrebbe sprecato. Gli inuit «scavano» il loro rifugio: una parte più vicina alla superficie dove si accumula il calore, e dove vivono e dormono, l'altra sotto, per conservare il cibo e tenere i cani. Qui finiscono anche i rifiuti che, considerate le temperature rigide, non puzzeranno fino all'arrivo della bella stagione. Quando la temperatura sale, gli inuit abbandonano queste abitazioni e si trasferiscono in accampamenti di tende, per stare all'aperto, più vicini alle bestie da cacciare. Gli insediamenti sono piccolissimi, quasi sempre lontani gli uni dagli altri, perché troppe persone in uno spazio ristretto fanno un eccessivo rumore e impestano l'aria di odori umani, mettendo in fuga le foche.

Ma perché sono scappati? Perché non si sono ribellati agli aggressori del Sud? Per come li ho conosciuti io in questi trent'anni, gli inuit sono di natura molto mite, preferiscono abbassare la testa e fuggire. Faranno lo stesso con i normanni e con i missionari, e così nel corso dei secoli fino ai bianchi, arrivati qui per viverci nel Novecento.

Dopo quella frattura originaria il gruppo sceglie di scappare e resistere. Abituati alla taiga, si adattano alla tundra. Non sanno dove stanno andando, si limitano a fare quello che il buon senso impone: individuano le tracce degli animali da cacciare e li inseguono. Sono allevatori, non cacciatori, ma imparano. Probabilmente trovano le renne, i caribù, i buoi muschiati. Le bestie li portano sulla costa: anche loro cercano da mangiare e il clima vicino al mare è meno rigido. Questo popolo mongolo, che ha appena imparato a vivere su territori sconosciuti e molto più ostili, compie un altro passo ancora più grande: da allevatori diventano cacciatori marittimi.

«Cosa sono?» dice probabilmente un cacciatore al suo compagno, di fronte a un gruppo di foche sdraiate sulla spiaggia a prendere il sole.

«Non lo so.»

Una cosa è certa: hanno fame. Tutta la costa è piena di cibo: foche, trichechi e altri animali che non hanno mai visto. Si può provare a cacciarli, pensano. Con quali armi? Possiamo solo formulare ipotesi: forse nel loro peregrinare hanno incontrato alcune carcasse e hanno utilizzato le ossa per costruire coltelli e lance acuminate.

Il viaggio, per gli inuit, non è ancora terminato. La sensazione è che non sappiano dove stanno andando, ma il solo fatto di muoversi accresce la speranza, li conforta l'idea comune a tutti gli esseri umani che dopo sarà meglio, che ci sarà un posto migliore. Passano lo Stretto di Bering, che all'epoca, cinquantamila anni fa, non è ancora sommerso ed è percorribile a piedi. A quel punto il gruppo si divide: da quando sono diventati cacciatori, forse hanno capito che devono disperdersi per non contendersi le scarse risorse della zona.

Meglio sparpagliarsi su tutto il territorio: una parte procede verso sud e va a costituire il gruppo etnico che siamo soliti chiamare indiani d'America, mentre gli altri raggiungono l'Isola di Ellesmere, la attraversano e arrivano fino a Etah, nella Groenlandia nordoccidentale. Oggi Etah è un villaggio abbandonato, ma è ancora un luogo magico in cui si vedono i resti degli antichi insediamenti. Da lì la parte più consistente del gruppo si sposta verso sud e si ferma sulla costa occidentale. Qualcuno, invece, va a nord di Etah e, toccato il punto più settentrionale della Groenlandia, ridiscende verso sud per andare a insediarsi sulla costa orientale. Sono questi gli avi dei miei amici di Tasiilaq.

E il mio amico medico? Com'è andata a finire?

Si è spinto sugli sci per due ore, sempre senza incontrare nessuno, finché è arrivato vicino agli impianti di risalita e ha attirato l'attenzione di alcuni sciatori. È stato soccorso, l'hanno portato in ospedale, e dopo una lunga riabilitazione ha ripreso a sciare. Adesso è qui in Groenlandia per fare alcune escursioni.

«Ho avuto una paura pazzesca di non poterlo fare mai più», mi ha confessato mettendosi gli sci.

10
I normanni

Qui i bambini di due o tre anni li mettono seduti a terra, riproducono loro intorno la forma del kayak con dei sassolini e i piccoli devono dimostrare di saper stare in equilibrio. Mettono cinque sassi a destra e cinque a sinistra, i bambini si siedono e iniziano a remare come matti. Per loro è solo un gioco, ma intanto imparano, e quando avranno dieci anni potranno andare in mare aperto senza avere paura delle onde. Tradizionalmente le madri cucivano il kayak con la pelle di foca su misura per il cacciatore a cui era destinato. Avere un kayak significava poter sfamare se stessi e la propria famiglia.

I normanni arrivarono in Groenlandia intorno alla fine del X secolo. Si dice che il primo europeo ad avere messo piede su quella terra sia stato Erik il Rosso, nel 982. Leggendo la sua storia viene da pensare che vi sia un destino comune a chi arriva in Groenlandia: quello di essere in fuga, di scappare da un posto per ricominciare. Di certo è difficile arrivarci per caso.

Erik il Rosso, infatti, lasciò la Norvegia perché si era macchiato di omicidio. Si rifugiò in Islanda dove, recidivo, commise un altro delitto e fu costretto ad andarsene di nuovo. Qualche navigatore aveva raccontato che all'estremo Nord dell'Europa esisteva una terra sconosciuta; nessuno però ci era mai arrivato, perché nel mare galleggiavano enormi lastre di ghiaccio che impedivano di avvicinarsi.

Non potendo restare né tornare a casa, Erik il Rosso s'imbarcò con i suoi uomini in direzione nord, e si lasciò trascinare dalla corrente. Percorse lo Stretto di Davis e arrivò in quella che battezzò Vinlandia, «terra piatta» in norvegese.

Fece costruire due piccoli villaggi nell'attuale Labrador canadese, ma due anni dopo venne cacciato dagli indiani, che erano più numerosi e affatto disposti a tollerare gli intrusi. Di nuovo alla ricerca di un posto in cui insediarsi, avvistò una terra e decise di svernare lì, perché stava per iniziare la stagione fredda.

Quando finalmente venne meno il bando che l'aveva costretto all'esilio, Erik il Rosso fece ritorno in Islanda, dove raccontò di avere scoperto un Paese rigoglioso e accogliente che aveva chiamato Groenlandia, cioè «terra verde».

Per quanto la zona meridionale fosse più calda e più vivibile, di verde ce n'era ben poco. Qui il colore prevalente era ed è il bianco: le coste si ergono a strapiombo sul mare, delimitando un altopiano ghiacciato che ricopre la maggior parte dell'isola e costituisce la mole di ghiaccio più grande del mondo dopo quella dell'Antartico. Come se non bastasse, da questa grande massa si staccano periodicamente enormi blocchi di ghiaccio che si riversano in mare, rendendo bianco anche questo.

C'è chi pensa, probabilmente a ragione, che Erik il Rosso avesse coniato questo nome per allettare altri compagni a seguirlo nella sua spedizione. Infatti dall'Islanda partirono diciassette navi cariche di uomini. Una metà non arrivò a destinazione, l'altra si dovette accontentare di quel poco di ospitale che c'era in Groenlandia: due fiordi lunghi e stretti, i quali si inoltrano così a fondo nell'entroterra che la loro parte più interna non risente del freddo delle correnti oceaniche, degli iceberg, degli spruzzi di acqua salata e del vento. Qui si trovano le poche aree verdi della zona sudoccidentale, pianeggianti e ricche di pascoli.

I normanni vi si insediarono, e per quasi cinquecento anni, tra il 984 e la metà del XV secolo, questi luoghi costituirono il più remoto avamposto della civiltà europea.

Sono rimaste diverse tracce del loro passaggio. Per esempio, le abitazioni costruite lontano dal mare, che non potevano essere inuit perché loro costruivano sempre a pochi passi dalla costa. Nella zona di Erik il Rosso è stata trovata anche un'area con un'ottantina di buche nel terreno, che secondo uno scienziato dell'università danese costituiva un sofisticato sistema di irrigazione che sfruttava la presenza di acqua e lo sporadico passaggio del Föhn, un vento caldo, per far crescere l'erba su questi terreni.

I normanni rimasero pressoché fermi e concentrati nelle aree occidentale e meridionale. Di recente un cacciatore di Sermiligaaq ha trovato i resti di una casa dalla struttura insolita, qui sulla costa orientale, e pensa possano essere ruderi normanni. Forse si trattò di un insediamento di breve durata: una barca si era avventurata fin lì e aveva tentato invano di ricreare le condizioni del villaggio.

Non si hanno notizie di altri tentativi di esplorazione e di colonizzazione. Di sicuro i normanni sapevano che la Groenlandia si estendeva molto più in là, vedevano i ghiacciai e le montagne in lontananza, però le loro imbarcazioni a vela non potevano risalire la costa orientale. Si sarebbero imbattute nella corrente che dal bacino polare scendeva verso sud, portando con sé iceberg e lastre di ghiaccio che avrebbero impedito la navigazione e distrutto gli scafi.

D'altro canto a sud avevano trovato ciò che più corrispondeva alle loro esigenze: i pascoli. Se gli indigeni erano cacciatori marini, i normanni integrarono la caccia con la loro attività tradizionale, ovvero la pastorizia. Gli animali furono portati dalle navi di Erik il Rosso, il quale sperava di poter allevare le stesse specie della madrepatria: mucche e maiali, qualche pecora e qualche capra, oltre a cavalli e anatre. Tuttavia non capivano che le caratteristiche del territorio erano molto diverse.

Per certi aspetti i normanni si comportarono come alcuni emigranti di oggi che, trasferendosi in un Paese straniero, si aggrappano alle tradizioni della loro terra d'origine per non perdere le proprie radici. Ma in questo modo i normanni persero ben altro. Per esempio, continuando testardamente ad allevare mucche distrussero i pascoli; tagliando i pochi alberi presenti sul territorio per costruire le case e la chiesa – nel frattempo si erano convertiti al cristianesimo – si ritrovarono senza legna fresca e resinosa per costruire le barche.

E si estinsero.

Perché non imitarono gli inuit? Loro avevano capito benissimo che, in mancanza di legna, si poteva usare il grasso di balena e di foca come combustibile. Non a caso, da secoli sopravvivevano nelle peggiori condizioni. Non mi stanco mai di ripeterlo ai ragazzi di qui quando sono giù di morale: «Qualunque critica vi venga mossa dall'esterno, dovete essere orgogliosi della vostra storia. Solo voi siete stati in grado di resistere in Groenlandia fino a oggi».

Il motivo per cui i normanni non «copiarono» dagli inuit è semplice e sorprendente al tempo stesso: i rapporti tra i due popoli furono inesistenti, o quasi. Le cronache norvegesi di circa cinque secoli di permanenza contengono solo due o tre brevi riferimenti agli inuit. Uno di questi descrive un fatto avvenuto nell'XI o XII secolo:

> Più a nord, al di là degli insediamenti norvegesi, i cacciatori si sono imbattuti in individui di corporatura minuta che chiamano *Skræling* («miserabili»). Se vengono colpiti superficialmente, le loro ferite diventano bianche e non sanguinano, ma quando sono colpiti a morte, sanguinano senza posa. Non hanno ferro, ma usano le zanne di tricheco come proiettili, e pietre affilate come strumenti di lavoro.

Altrettanto significativo è il fatto che i numerosi teschi risalenti all'epoca normanna escludono vi sia stata una compenetrazione fra i due gruppi, poiché la configurazione delle casse craniche appare invariata, non compaiono caratteristiche ibride.

Le due etnie, quindi, non si mescolarono. Viene da pensare che le differenze culturali fossero troppo profonde. Forse una moglie inuit non sarebbe stata di grande aiuto per un normanno: nella sua cultura la donna ideale sapeva tessere e filare la lana, accudire le mucche e le pecore, mungere il latte e fare lo *skyr*, il burro e il formaggio, cioè attività che le norvegesi imparavano da bambine, e che una groenlandese non sarebbe stata in grado di fare.

Le donne inuit, al contrario, erano abili a cucire le pelli. Erano loro a fabbricare l'umiak per le donne e il kayak per gli uomini. Un cacciatore norvegese non avrebbe mai potuto usare il kayak, perché si trattava di un'imbarcazione fatta su misura per il vogatore, molto complessa da governare. Come poteva un vichingo grande e grosso infilarsi in un kayak? Né la moglie sarebbe stata in grado di fargliene uno adatto a lui.

I normanni si tennero le loro imbarcazioni di legno, assai meno agili e flessibili, quindi meno adatte alla caccia. E questo, credo, pregiudicò la loro possibilità di vivere in terra groenlandese.

O forse la risposta è in quell'epiteto, *Skræling*, che racchiude tutto il disprezzo normanno per il popolo indigeno. Disprezzo che impedì di imitarne gli usi e di imparare la preziosa arte della sopravvivenza. Perché non tutti i normanni sono tornati a casa volontariamente: la maggior parte di loro, in Groenlandia, è morta di fame e di stenti.

Un particolare conferma questa tesi: il teschio normanno di epoca più recente è stato ritrovato in una casa, sul pavimento. Perché non avevano seppellito il defunto, come ormai era abitudine consolidata tra i normanni? Forse perché quell'uomo era rimasto solo e, ultimo a morire dei suoi, non ebbe più nessuno che potesse fargli il funerale.

11
L’assedio

La nostalgia dei boschi è enorme in questa terra priva di alberi, così come la nostalgia delle mele fresche o la sensazione che si prova schiacciando una fragola contro il palato, il suono della campana della chiesa la domenica mattina o il verso del luì, simile al rumore di una foglia che cade.

KIM LEINE, *Il fiordo dell’eternità*

Con gli inuit ci siamo capiti perché stavamo attraversando tutti e due, questo popolo e io, un momento di profonda crisi. Eravamo entrambi smarriti e in mezzo a un guado.

Quando ho cominciato a frequentare la Groenlandia, la Danimarca aveva all’improvviso deciso di interessarsi alla sua provincia più remota e ai suoi pochi abitanti, che non assomigliavano in nulla a quelli della madrepatria.

Sebbene l’approccio danese non volesse essere né aggressivo né coloniale, finiva ugualmente per esserlo. Nel migliore dei casi era paternalistico: i danesi volevano educare i fratelli del Nord, nomadi e cacciatori, per mandarli a scuola e trasferirli in case di cemento e mattoni; insomma, per renderli europei e civili. Come se i due termini fossero sinonimi.

Per gli inuit, in realtà, le minacce peggiori non arrivavano dalla Danimarca.

Alla fine degli anni Settanta il WWF aveva infatti intrapreso un'importante e di sicuro lodevole campagna in difesa degli animali del Polo, chiedendo ad alcuni Paesi di interrompere immediatamente l'eccidio delle foche. I cacciatori approfittavano del fatto che le madri di questi mammiferi, per andare a caccia, lasciassero branchi di piccoli indifesi sul ghiaccio, a ridosso del mare. Si avvicinavano con le barche, li catturavano con le reti e poi li uccidevano a bastonate per non sporcare la pelliccia con le armi da fuoco. Spesso i cuccioli venivano scuoiati direttamente da vivi, perché questo aumentava in maniera esponenziale il valore delle pelli sul mercato. Gli Stati della regione artica, dalla Danimarca alla Norvegia, riconobbero subito che si trattava di una barbarie e avallarono le richieste del WWF.

Ma che cosa c'entravano gli inuit? Un cacciatore su una piccola barca a motore impegnato a sfamare la famiglia era un brutale assassino? Questo popolo ha sempre cacciato quel poco che bastava per nutrirsi, e non rappresentava certo un pericolo per la sopravvivenza delle specie polari. Gli inuit non conoscono il principio di accumulazione. Perché prendere due foche? Ne basta una, la mangi e quando hai di nuovo fame torni e ne prendi un'altra.

Tuttora è così, ed è un'attitudine che mi è ben nota,

perché non di rado mi ha creato problemi nella mia attività con i turisti.

«Perché non hai preso qualche chilo di pesce in più? Lo tenevamo come riserva e per un po' eravamo a posto.»

«E per quale motivo?» rispondono di solito.

Nella lingua degli inuit non esiste la parola «futuro», quindi non esiste l'idea di mettere da parte qualcosa che non serva adesso. Quello che non consumano lo scambiano con un po' di benzina, un litro di vernice per la barca o qualche attrezzo utile.

Certo, già negli anni Settanta molti avevano smesso di cacciare con l'arpione e avevano comprato il fucile con le pallottole, ma abbattevano comunque un numero esiguo di foche. Quanti di quelli che stavano decidendo il destino degli inuit si erano presi la briga di passare anche solo mezza giornata quassù? Come si poteva essere così superficiali?

Presto il WWF si rese conto delle conseguenze della campagna, cioè che alcuni popoli della Groenlandia e del Labrador sarebbero stati gravemente colpiti da questo divieto. Riconobbe il proprio errore, scusandosi pubblicamente con loro e dichiarando che non costituivano alcuna minaccia per la conservazione delle specie. Dietro la minaccia di estinzione delle foche c'era ben altro.

Diverso fu l'atteggiamento di Greenpeace, che all'epoca era una piccola organizzazione con qualche filiale in vari Stati. I dirigenti intuirono che la campagna per le foche funzionava: i teneri musi dei cuccioli erano perfetti per sensibilizzare l'opinione pubblica e raccogliere consensi. Gli inuit, al contrario, erano pochi e incapaci di spiegare le proprie ragioni. In una parola, erano trascurabili.

All'inizio anch'io mi ero sentito molto vicino a Greenpeace: nelle sue campagne c'erano l'ambiente e un pizzico di avventura, non poteva non piacermi. Proprio come me, molti giovani di tutto il mondo, idealisti e pieni di entusiasmo, cominciarono a iscriversi e a sostenere un'organizzazione che di lì a qualche anno sarebbe diventata una grande multinazionale. Colpendo al cuore il popolo inuit.

Questa era la situazione all'inizio degli anni Ottanta, quando misi piede per la prima volta in Groenlandia. Gli inuit erano attaccati da chi criticava il loro stile di vita, e da parte mia mi sentivo sempre più un estraneo nella mia terra. Tornavo a Bolzano, cercavo di stare un po' a casa e subito mi veniva voglia di ripartire. E sempre più spesso sceglievo di venire in Groenlandia.

Cominciai a stringere amicizie e a chiedermi le ragioni del loro malessere. Con il tempo diventai una specie di fratello maggiore per molti ragazzi. Chiacchieravo con loro e intanto miglioravo con la lingua, facevo miei gli usi locali e provavo a mettermi nei loro panni, accantonando molte convinzioni che avevo avuto fino a quel momento.

Capii che proibire la caccia significava mettere in discussione l'intera società inuit, la quale per secoli vi aveva fatto affidamento. Non era solo una questione di sussistenza: un uomo che non poteva sfamare la propria famiglia perdeva anche il suo ruolo sociale e la stima verso se stesso. Aveva visto suo padre procurare il cibo per tutti, gli era stato insegnato come fare e aveva creduto di dover seguire le sue orme, ma ora qualcuno diceva che questo non andava più bene. Quindi, che cosa gli rimaneva?

La reazione della Danimarca per proteggere questa minoranza fu semplicistica: stanziò dei sussidi. Ma gli inuit non cercavano i soldi: per secoli la capacità di provvedere a se stessi era stata il fondamento delle comunità locali.

Nella loro storia, ogni volta che qualcuno li attaccava scappavano e trovavano il modo di adattarsi a un altro ambiente, a un altro luogo. Non sapevano combattere con le armi, e tantomeno che cosa significasse difendere le proprie idee.

Alla fine del Settecento, quando arrivarono i primi missionari, gli inuit si convertirono quasi subito. Ascoltavano i loro sciamani e continuavano a pensare che esistessero i demoni, ma avevano trovato spazio anche per Gesù, che sembrava loro altrettanto forte e bravo.

La foca era tutto per loro. Dava cibo, pelli per i kayak e vestiti e grasso da bruciare d'inverno. Se non c'erano più foche in un fiordo, bastava spostarsi in quello successivo e in quello dopo ancora: era sempre stata questa la loro disposizione d'animo. All'improvviso, però, qualcuno aveva deciso che le foche non dovevano più essere toccate. Tutti li disprezzavano e loro non sapevano come reagire.

«Perché i bianchi ci odiano così tanto?» mi chiedevano. «Sei bianco anche tu, Robertì, lo dovresti sapere, no?»

I bianchi avevano anche portato, con il loro stile di vita,

l'alcol e il tabacco, e gli uomini inuit, che non avevano niente da fare perché non potevano più cacciare, andavano a ritirare il sussidio e si ubriacavano. È una storia che si ripete sempre uguale, dagli indiani d'America agli aborigeni australiani.

Così cominciò a diffondersi l'alcol.

Approfondendo alcuni rapporti personali, notavo la fatica con cui i miei amici esprimevano il loro disagio, perché non erano abituati a verbalizzare i problemi. Si sentivano male perché non potevano fare la vita che avevano sempre fatto; avvertivano il disprezzo dei bianchi, ma non riuscivano a pensare a una via d'uscita. Né tantomeno pensavano di essere vittime di un'ingiustizia: credevano di essere in difetto, e che i bianchi avessero ragione.

Poi arrivarono i primi suicidi, un fenomeno che qui non aveva precedenti. Almeno non in questi termini e con queste motivazioni. In passato avvenivano per ragioni completamente diverse: si sapeva di donne che, rimaste senza marito e prive di sostentamento, si buttavano dagli scogli con i propri figli, ma era un togliersi la vita prima che fossero il freddo e la fame a farlo.

Oppure esisteva una sorta di eutanasia: i più vecchi, quando capivano che la loro fine era arrivata, per non gravare sulla famiglia partivano da soli, si costruivano un piccolo igloo in mezzo al nulla e aspettavano di morire.

Ma il fenomeno che osservavo allora era qualcosa di completamente diverso: vedevo persone che non erano in grado di sopportare sentimenti come l'umiliazione, la delusione e la perdita di autostima. Per generazioni erano stati abituati a non dire ho fame, ho sete, ho freddo, e adesso non sapevano come esprimere la depressione. Mancavano persino le parole: nella loro lingua non esistevano le mille espressioni che abbiamo noi per descrivere le sfumature del malessere: «sono triste», «giù di morale», «esaurito», «disperato» eccetera.

«Che cosa c'è?» domandavo ai ragazzi che passavano a trovarmi.

«Sto male, Robertì», era la loro unica risposta.

Venivano a tutte le ore, per bere un caffè e farsi una chiacchierata. Cercavano una spalla su cui appoggiare la testa. Non sono un missionario, non avevo un programma per salvare queste anime: pensavo semplicemente che quando si vede una persona cadere per strada bisogna aiutarla a rialzarsi, e se sta salda sulle gambe la si lascia proseguire il cammino. Quello che facevo era soltanto ascoltare. Passavo ore con i ragazzi in difficoltà, giocavo a carte con loro, davo consigli basati sul buon senso, senza prevaricare o giudicare.

Quando ci salutavamo, a volte dopo tre minuti altre dopo cinque ore, capitava che mi dicessero: «Robertì, adesso sto bene».

«Perché?»

«Non lo so, però sto bene», mi dicevano.

Mi sono reso conto che potevo essere utile. Era una cosa che mi inorgogliva, perché non avevo mai pensato di essere la persona giusta per consolare qualcuno, ma allo stesso tempo mi spaventava: significava assumermi delle responsabilità verso di loro. Ero un alpinista, un escursionista, uno che ha in mente solo la vetta e per raggiungerla mette in secondo piano tutto il resto.

Non avevo alcuna fonte di reddito in Groenlandia, quindi per lavorare dovevo continuamente rientrare in Europa. Al mio ritorno c'era sempre una cattiva notizia ad aspettarmi: il ragazzo che veniva a parlare con me si era ucciso, un altro era scomparso e un terzo, dicevano i suoi amici, aveva cominciato a bere e non riusciva più a smettere. Per parecchio tempo ho finto di non vedere un legame tra la mia assenza e l'insorgere di questi problemi – «Robert, non andare via questa volta, vedi cos'è successo?» mi ripeteva spesso un amico –, poi ho sentito che li stavo abbandonando. Dovevo fare qualcosa per questi ragazzi, per una comunità che si stava distruggendo. Loro che avevano resistito per millenni alle condizioni più estreme, sembravano incapaci di affrontare l'arrivo della modernità nella loro vita.

Un giorno mi sono detto che dovevo prendere una decisione: rimanere per sempre o non tornare mai più. Non aveva senso dare a qualcuno la speranza di poter contare su di me e poi sparire sistematicamente.

12
La Casa Rossa

Un giorno abbiamo fatto un campo su un pack, una sorta di isola di ghiaccio alla deriva nella corrente polare, fuori in mare aperto. Era un'isola solida, piccola ma neanche troppo: larga cinque metri e lunga ottanta.

L'idea era quella di ritrovarci a pensare e a discutere in un luogo speciale. Eravamo tante persone diverse: montanari, escursionisti, gente del posto, intellettuali.

A un certo punto uno mi ha detto: «È strano, Robert, ho la sensazione di non riuscire più a pensare».

«Perché?»

«Perché non so più dove sono.»

Quest'isola si muove verso sud, trascinata dalla corrente polare, e intanto gira su se stessa.

Se prendiamo un chiodo e proviamo a piantarlo nel ghiaccio con un martello, ci accorgiamo che dal punto in cui siamo vediamo una montagna, e magari dopo qualche minuto vediamo tutt'altro, perché la corrente fa ruotare questo isolotto di ghiaccio. Ed è come se il continuo spostamento ci dicesse che tutto è relativo, tutto dipende dalla prospettiva da cui decidiamo di guardare le cose.

«Neanch'io so dove sono. Ma questo mi piace moltissimo», ho risposto.

Dopo la prima volta abbiamo deciso che quella strana riunione doveva diventare un appuntamento fisso, e adesso sono più di dieci anni che ogni estate organizziamo qualcosa di simile.

Sono sempre stato refrattario all'idea di comprare una casa. Pensavo che mi avrebbe limitato, che mi avrebbe obbligato a stare sempre nello stesso posto. Per me la casa era dove c'ero io, dove c'erano i miei amici, dove mi sentivo felice. Tutte cose che non c'entravano niente con quattro mura, un letto o una cucina. Anche quando mi muovevo tra una città e l'altra avevo sempre con me il mio kit da campeggiatore: fornelletto a gas, pentolino per scaldare l'acqua, un coltellino svizzero multifunzione. Il mio mondo si riassumeva in pochissime cose.

Non riuscivo a capire lo spirito proprietario. Proprietario di che cosa? Di quattro mura e qualche asse di legno? Invece capivo molto bene gli inuit del mio villaggio, che quando un'impresa edile danese era venuta a costruire case di cemento per loro si erano rifiutati di andare ad abitarci. Dentro c'era la morte, dicevano, avevano paura di essere inghiottiti, soffocati. Non sopportavano l'idea di chiudersi in un posto senza odore, totalmente isolato rispetto all'esterno, e avevano impiegato molto tempo a cedere.

Anch'io per natura, o per istinto, mi comportavo sempre come se dovessi rinunciare da un momento all'altro a quello che avevo, alle comodità e agli agi di una casa calda e asciutta. Da ragazzo, di nascosto da mia madre, a volte dormivo sul pavimento.

In questo mio comportamento c'era già la Groenlandia, la cultura di qui, il fatto che vivere con poco non significava soffrire. Anzi, la sensazione di potercela fare, di essere pronto ad affrontare una sfida, era inebriante. Il che non mi impediva di concedermi qualche lusso, ma ho sempre pensato che proprio perché mi sapevo adattare sarei stato più libero, più capace di affrontare la ricchezza o la povertà. Se uno è abituato ad avere ventiquattro gradi in casa d'inverno e l'aria condizionata d'estate, come fa improvvisamente a farne a meno? Il suo fisico ha perso la capacità di resistere, di sopportare.

Di recente ho avuto un piccolo diverbio con una signora di Merano che è stata ospite da noi per qualche giorno. Ho notato che osservava i cani e sembrava pensierosa.

«Che cosa c'è?» le ho domandato.

«Ma come si fa?! Guarda i cani.»

«In che senso?» Sembrava arrabbiata e non capivo perché.

«Come in che senso, Robert? Non vedi che soffrono a stare all'aperto? Perché non li mettono in una cuccia al coperto? Sta nevicando, sono sdraiati sul ghiaccio, è una cosa da barbari.»

Allora le ho dovuto spiegare che quegli stessi cani, non più di due settimane prima, erano riusciti a riportare indietro un mio amico, un bravo escursionista, che era partito per fare un giro sull'altopiano ed era stato sorpreso da venti fortissimi senza sacco a pelo né tenda. Il *piterak* soffiava a più di cento chilometri orari e lui era sfinito. Sono stati i cani a resistere ai sessanta gradi sottozero e a riportarlo a casa vivo. E se quei cani si fossero abituati a stare in una cuccia, riparati dalla neve e dal vento, sarebbero morti con lui.

Nel mio essere estremo, non accettavo neanche l'idea dell'albergo. Per anni ho dormito in macchina negli autogrill: entrare in città e cercarmi un posto per la notte mi sembrava un'inutile perdita di tempo. Viaggiavo tantissimo, guadagnavo bene e mi piacevano le macchine veloci.

Ricordo che una notte, in una stazione di servizio sull'autostrada nei pressi di Amburgo, sono stato svegliato da un poliziotto. Stavo rientrando a Monaco dalla Danimarca, e avevo deciso di fare una sosta per dormire qualche ora e ripartire subito dopo.

Improvvisamente, chiuso nel mio sacco a pelo, sento un bastone battere sul finestrino. Apro gli occhi, vedo un manganello e pochi secondi dopo mi ritrovo accecato da una torcia elettrica.

«Non si muova», mi ordina una voce con tono marziale.

Guardo con aria interrogativa, cercando di capire che cosa voglia da me. Sto dormendo, non si vede?

«Favorisca i documenti», dice un'altra voce. Provo a cercare il portafoglio nelle tasche.

«Non si muova, ho detto.»

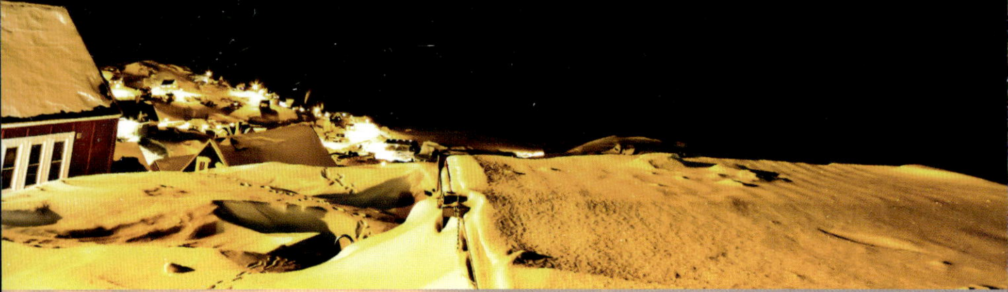

Gli spiego che non posso prendere i documenti se non esco dal sacco a pelo. Allora si calmano e si convincono che non rappresento un pericolo. Mi lasciano sistemare, chiamano la centrale, fanno i controlli.

«Tutto a posto», mi dicono, «scusi il disturbo.» Il poliziotto, prima di allontanarsi, dà un'occhiata al fornelletto per il caffè che tengo sempre a portata di mano. Mi rimetto nel sacco a pelo, ma l'agente torna indietro.

«Scusi, una domanda.»

«Prego, dica.»

«Volevo solo dirle che l'abbiamo disturbata perché eravamo convinti avesse rubato l'auto. Uno che si compra una Porsche non dovrebbe avere problemi a pagarsi una stanza. E quindi... perché dorme in macchina e non va in un albergo?»

«Perché quando dormirò in albergo sarò diventato vecchio.»

Dopodiché il poliziotto si allontana con l'aria di uno che ha appena incontrato uno sbandato. Ricco, magari, ma pur sempre sbandato.

L'idea di una casa non faceva per me. Avevo provato a spiegarlo ai ragazzi del villaggio, ma non volevano sentire ragioni. Con me si sfogavano, trovavano un po' di pace, ma tornati a casa il problema era sempre lo stesso: non potevano cacciare e non avevano alcuna possibilità di trovare un lavoro, anche perché non esisteva. I pochi lavori disponibili erano tutti per lo sparuto gruppo di bianchi della zona.

In quel periodo il governo locale stava tentando di attirare un po' di turismo, che fino al 1982 era stato praticamente inesistente. Il progetto, però, mi aveva messo subito in allarme: sembrava pensato da qualcuno che non aveva mai messo piede in Groenlandia. Temevo avesse ripercussioni molto gravi, così decisi di organizzare una conferenza internazionale con esperti di escursionismo e turismo sportivo che avevo conosciuto nel corso della mia vita professionale.

Anche questa era una novità per me. In Alto Adige avevo visto il benessere portato dal turismo di massa, ma anche i danni arrecati al paesaggio. In Groenlandia non c'era lo stesso rischio, però volevo essere certo che la nuova attività aiutasse la gente di qui, non che la emarginasse ulteriormente. Temevo potesse succedere qualcosa che avevo osservato altrove: grandi tour operator mandavano tre o quattro osservatori che restavano giusto una settimana, prendevano accordi con le amministrazioni locali scavalcando la popolazione e costruivano un paio di alberghi in cui lavoravano solo loro, perché nessuno voleva perdere tempo a formare la popolazione locale, che magari neppure sapeva che cosa fosse un hotel e tantomeno parlava inglese. Già immaginavo il risultato: turismo toccata e fuga, un paio di giorni in Groenlandia giusto per dire di esserci stati, e nessun vantaggio per gli inuit. E infatti non mi sbagliavo: questo tipo di turismo si è sviluppato negli anni successivi ed esiste tuttora. Quando faccio conferenze in Europa mi capita di incontrare persone che alla fine intervengono sorprese: «Scusi, ma lei sta raccontando una cosa completamente diversa da quella che ho visto io. Della Groenlandia ho un pessimo ricordo, non vale proprio la pena andarci».

«Quanto tempo ci è stato?» chiedo a quel punto.

«Un giorno. E per fortuna, perché dopo due ore non ne potevo già più», mi rispondono di solito.

Da parte mia ho cercato di creare un'alternativa a questo genere di approccio. Esistono tour operator che includono nel pacchetto dell'Islanda una giornata in Groenlandia: i turisti arrivano in due ore di volo, perdono una mezz'ora all'aeroporto, che come dappertutto è in una zona brutta e poco interessante, passeggiano un'ora in qualche paesotto, assistono a rapide esibizioni turistiche, fanno due foto, comprano un souvenir ed è già ora di ripartire. Pagano cinque-seicento euro per vedere un'ora di Groenlandia preconfezionata a loro uso e consumo.

Ovviamente ci sono dietro forti interessi economici, primi tra tutti quelli delle compagnie aeree, che traggono ottimi profitti senza grandi sforzi. Ma questo modo di viaggiare non è ecologico, porta benefici economici soltanto a pochi occidentali e i groenlandesi restano com'erano prima: poveri, incompresi e disprezzati, perché nessuno ha potuto avvicinarsi davvero al loro modo di vivere.

Dovevo trovare una maniera diversa di fare turismo, una formula che poggiasse solo su maestranze locali e imponesse una serie di regole anche per chi veniva qui. Volevo che i visitatori rimanessero per più di due o tre giorni ed entrassero in contatto con la cultura locale. Desideravo ribaltare i luoghi comuni che ancora circondavano questi buffi esseri umani conosciuti come «eschimesi».

Mentre riflettevo sul da farsi, i ragazzi continuavano a insistere: «Dai, Robert, tu hai tante conoscenze, sai come si fa. Proviamo a fare qualcosa insieme».

Un giorno mi svegliai e me li ritrovai in casa che si preparavano il caffè.

«Che cosa c'è, è successo qualcosa?» domandai allarmato.

«Vieni», mi dissero.

Non mi lasciarono neanche il tempo di coprirmi. Uscii di casa solo con un golf, nonostante i venti gradi sottozero, e mi portarono davanti a una casetta rossa.

«Ti piace?» mi domandarono.

«Perché me lo chiedete?»

«È in vendita, si può comprare.»

«Perché non la comprate voi? Vi aiuto, vi presto i soldi se ne avete bisogno, ma compratela voi.»

«No, Robert, non sappiamo come si fa. Comprala tu.»

E l'ho comprata.

13
Una casa per gli amici

«Lavoro? Cosa vuol dire lavoro, Robertì?»

Nel giro di poco tempo quella piccola casetta di quattro metri per otto è diventata un punto di riferimento per molti sbandati della zona. Abbiamo cominciato a sistemarla, a renderla accogliente, seguendo solo il nostro gusto. La Casa Rossa è nata così.

Non esisteva niente di simile sulla costa orientale, e mi era capitato spesso, mentre imbiancavo una parete o allacciavo una tubatura, di chiedermi che cosa stessi realmente combinando. Non sapevo bene che uso farne, né come ci sarei riuscito: mi limitavo a domandarmi, giorno dopo giorno, di cosa c'era bisogno. L'idea di comprarla era stata dettata dal semplice desiderio di rendere felici quei ragazzi che mi sembravano in difficoltà, e che subito si erano offerti di aiutarmi. A fare che cosa l'avremmo capito solo con il tempo.

Credo sia andata un po' come per il mio trasferimento

a Tasiilaq: prima si è cominciato a parlare di un tipo che non era inuit né scandinavo, che non viveva qui ma ci passava gran parte dell'anno; poi l'uno dopo l'altro sono venuti a farmi visita per vedere chi fossi. Con la Casa Rossa è stato lo stesso: di bocca in bocca era girata la voce che quando uno si sentiva male, solo o triste, c'era un posto dove poteva trovare un pasto caldo, qualcuno con cui chiacchierare oppure, come ho sempre detto, una grande spalla morbida su cui appoggiare la testa.

Per quanto strano possa sembrare, per secoli gli inuit sono stati un popolo molto felice. Certo, c'erano la fame e il freddo, ma non avevano mai visto altro e pensavano che quella fosse la vita. Festeggiavano sinceramente la cattura di una foca, sopportavano mesi di buio e di gelo e si rallegravano quando potevano stare fuori sui prati, riscaldati dal sole delle tiepide estati polari. La casa era dove c'era il clan e gli amici, e dove non mancavano le foche. Il futuro non esisteva, non solo come parola ma neanche come concetto. Non c'era l'idea, del tutto naturale per noi, di fare progetti, di programmare gli spostamenti, le decisioni, le scelte. La vita veniva vissuta giorno per giorno.

Come potevano parlare di futuro, se la mattina dopo sarebbe potuta arrivare una bufera? Come facevano a costruire una casa come la intendiamo noi, se l'indomani un demone avrebbe potuto portarsi via tutte le foche obbligandoli a spostarsi? Da un anno all'altro, più freddo, più caldo, più umido o più secco, tutto poteva concorrere a dare loro un'altra destinazione, una differente dimora, qualche mese di benessere per la famiglia oppure la morte di un figlio.

Vivevano in un eterno presente, protetti solo dal clan, che non faceva sentire soli, nessuno era abbandonato a se stesso. Non c'erano droghe né alcol: come potevano esistere, in un luogo dove non ci sono piante, né siepi, né erbe?

Dopo la parentesi dei normanni nel Medioevo, i primi ad arrivare erano stati i missionari nel Settecento. In realtà un unico missionario che, senza neppure essere stato mandato ufficialmente dalle gerarchie ecclesiastiche, prese l'iniziativa di salvare le anime di questi «selvaggi». Aveva saputo dai balenieri che a nord, molto a nord, esisteva un popolo strano, senza morale, che viveva lì da secoli e professava una religione inspiegabile. Non si capiva bene quale fosse il loro credo, ma si intuiva che c'erano di mezzo più dèi, una bizzarra idolatria della natura.

Il missionario creò un punto d'appoggio a Nuuk e si fece raggiungere da altri ben intenzionati. Erano convinti di avere di fronte creature molto primitive e molto stupide, e che sarebbe stato abbastanza facile convertirle. Ma le cose andarono diversamente: gli inuit non opponevano resistenza, li accoglievano e li ascoltavano, ma non sembravano granché ricettivi.

Gli occidentali non riuscivano a venire a capo del fatto che la gente di qui dicesse sempre: «Sì, che bello, mi interessa», ma poi continuasse a farsi i fatti propri. Per almeno un secolo l'opera di cristianizzazione non ebbe alcun effetto, perché la cultura locale era troppo diversa.

Per gli inuit non c'era alcun controsenso nel credere in Gesù e nei loro demoni al tempo stesso.

I missionari notarono che donne diverse vivevano con un unico marito. In tempi remoti i cacciatori rischiavano di morire giovani per il ghiaccio e il freddo, o magari annegavano con il kayak, quindi vigeva il principio secondo cui la moglie veniva «adottata» da un altro.

Non era molto diverso da quello che succedeva nel deserto, in cui la poligamia fioriva perché una donna da sola non era in grado di provvedere a se stessa dopo la scomparsa del marito.

Allo stesso modo, qui un grande cacciatore aveva la possibilità di nutrire più donne, la sessualità non c'entrava. La società inuit è più matriarcale che patriarcale, le donne sono libere e nessun uomo si sente migliore o superiore. Quando si balla, sono le ragazze a invitare gli uomini, e sanno essere molto dirette nel far capire quello che vogliono.

Tuttavia i missionari non persero tempo a interrogarsi sull'origine delle convivenze, vedevano solo che «non stava bene», e buttarono fuori dalla famiglia le donne che non erano le legittime spose dell'uomo. Loro non sapevano dove andare né che cosa fare, e una volta sole, senza un clan che le proteggesse, si gettavano in mare.

Nonostante ciò, nessun indigeno pensò neppure lontanamente di buttarvici i missionari, in mare: in fondo quella era casa loro, non facevano nulla di male e qualcuno aveva causato la morte delle donne, ma nessuno torse mai un capello ai missionari.

«È strano, però», si limitavano a dire. Anche oggi, quando qualcuno li critica o avvertono il disprezzo di quelli che vengono qui, non dicono altro: «È strano, però, vero Robertì?»

Si racconta di un cacciatore che era stato via diversi giorni per procacciarsi il cibo. Quando finalmente ne trovò a sufficienza per sé e la moglie, tornò al paese. Tirò su il kayak e si diresse verso casa. La moglie non c'era. Guardò tutto intorno, ma niente. Si preoccupò, si spaventò, non capiva dove potesse essere.

«Dov'è mia moglie?» chiese in giro.

Nessuno gli rispose, tutti facevano finta di nulla.

«Ma come? Dov'è andata? Qualcuno deve pur saperlo», urlava. «È successo qualcosa? Ditemi dov'è mia moglie!»

Finché uno gli si avvicinò: «Non dovrei dirtelo, ma è stato il missionario a rubartela. L'ha rapita».

«Come si fa a rubare una donna?» Il cacciatore non si dava pace. «Non è possibile!»

Allora salì sulla collina dove viveva il missionario e gli disse che se non gli ridava la moglie l'avrebbe ucciso.

«Non sono stato io a prenderla», gli rispose il missionario, poi gli indicò una tomba.

Gli spiegò che la moglie era morta, e che lui aveva preso il cadavere per seppellirla.

«Ma perché sottoterra?» chiese il cacciatore, confuso.

Pare che la prima sepoltura nella Groenlandia orientale si sia svolta così, una via di mezzo fra un ratto e un inganno.

Prima dell'arrivo dei missionari qui nessuno seppelliva i morti. Gli inuit al massimo coprivano il corpo con pochi sassi, giusto per evitare che cani e uccelli lo mangiassero. Quando si trattava di cacciatori, li lasciavano a ridosso della costa, con la testa rivolta verso il mare, perché anche da morto un cacciatore aveva il diritto di continuare a seguire gli animali.

L'idea della sepoltura non li aveva mai sfiorati: e se l'anima fosse rimasta intrappolata sottoterra?

Tuttora non mettono il nome sulla tomba, perché temono che potrebbe trattenere l'anima. Infatti ritengono che il nome sia la fonte dell'anima. Per loro ogni uomo ne ha tante, di anime: a quella più grande, fondamentale, che sta al centro del corpo e raccoglie i sentimenti, il talento e la saggezza, si aggiungono le anime più piccole, che si trovano negli arti e nelle dita.

Quando un uomo muore, il prossimo nato in famiglia ne acquisisce il nome, e con questo anche l'anima. È semplice: un defunto trasmette a un famigliare ciò che è stato, così nulla va perso o è accaduto invano. Solo a questo punto si può mettere il nome sulla tomba, perché l'anima ha ormai trovato la propria strada.

Quello che non è riuscito ai missionari – cambiare la vita di questo popolo – l'ha fatto la modernità.

La nostra società era (è?) talmente violenta che gli inuit non si potevano adattare. Nella loro storia avevano dovuto resistere alla natura, mai a un altro popolo. All'aggressione dell'uomo hanno sempre opposto la fuga, ma questa volta non potevano essere abbastanza veloci.

La trasformazione è stata un processo improvviso. Nel giro di qualche mese la superficie della cordialità e del buon umore degli inuit ha mostrato le crepe di un'umanità traumatizzata. I bianchi li avevano privati della loro identità, avevano disgregato i principi della comunità, li avevano resi, per la prima volta nella loro storia, inutili e soli.

Gli inuit misero in discussione se stessi. Il passaggio mentale è molto semplice: prima pensavano che la loro vita fosse bella senza porsi domande, poi arriva uno e dice che non lo è. Allora cominciano a sorgere i dubbi, cercano di cambiare qualcosa, di assomigliare a qualcun altro. Ma a chi? Gli inuit non avevano nessun modello da seguire: come potevano diventare come i bianchi che li criticavano tanto?

Abbracciare Gesù non era stato un problema, ma rinunciare alla foca era troppo anche per loro. Alla fine degli anni Settanta gli inuit della Groenlandia orientale erano ancora lo stesso popolo fuggito dalla Mongolia secoli prima, e nella foca aveva trovato la risposta a tutte le esigenze primarie. Senza questo animale, cosa sarebbero diventati?

Non leggevano i giornali, molti erano analfabeti, e non conoscevano neanche la televisione. Non erano capaci di attaccare qualcuno, e non potevano neppure figurarsi di scendere in piazza per difendere i propri diritti. Quale piazza, poi? E quali diritti?

Lo capivo bene quando venivano alla Casa Rossa. Erano disperati e cercavano aiuto. Non volevano delle risposte, ma semplicemente un po' di calore, un buon caffè e qualcuno che non li disprezzasse.

Dicevano di non avere paura, che tutto andava bene perché era così che erano abituati. Come sarebbero potuti sopravvivere in pochi metri quadrati, se ognuno si fosse lamentato? E ora che avevano un problema molto grosso, non trovavano le parole per esprimerlo. Facevano finta di niente, e questo «chiudere la porta a chiave» aveva e ha conseguenze molto gravi. Se uno nega di sentirsi sperduto, confuso, terrorizzato, non prova neppure ad affrontare il malessere che lo scava dentro. Le sofferenze, la disperazione, il freddo, la fame, la fatica si accumulano, finché morire diventa più facile che vivere.

Per loro la morte ha una valenza diversa, meno grave: non è la fine, ma solo l'ultimo tratto della vita. Qualsiasi ragazzino, qui, è pronto all'idea che suo padre possa avere un incidente e non tornare più. È una delle tante opzioni possibili quando si esce di casa. Certo, la morte provoca dolore, ma non è circondata dalla stessa aura che le conferiamo noi bianchi. E anche il suicidio è un gesto meno estremo, simile alla forma di eutanasia che adottano i vecchi quando abbandonano il villaggio.

In questa situazione è chiaro perché l'alcol, un altro dono dell'uomo bianco, si sia tanto diffuso. Il capofamiglia che non può più uscire a caccia ha perso la propria autorevolezza, non sa che cosa fare di se stesso, eccetto osservare la sua famiglia impoverirsi. Per la donna è più semplice trovare un lavoro, a costo talvolta di spostarsi. La somma di questi fattori, però, distrugge il tessuto sociale.

I giovani si suicidano quasi sempre sotto l'effetto dell'alcol. Dal punto di vista biochimico non lo reggono: esattamente come gli aborigeni, il loro organismo manca di quegli enzimi che permettono di metabolizzare due bicchieri di vino senza essere ubriachi. Qui sono subito brilli e diventano sentimentali.

Molti pensano che sia il buio a provocare la depressione. Sbagliano. D'inverno, quando è buio, il fiordo è ghiacciato ed è più facile pescare con la lenza facendo un buco sulla superficie. Persino i più poveri, quelli che non hanno la barca, hanno di che vivere nella stagione fredda. È quando il ghiaccio si scioglie che il tasso di suicidi cresce, perché aumenta la percezione della propria sventura: i bianchi sfrecciano lungo le coste e loro non hanno i soldi per la benzina. Non avevano mai pensato alla ricchezza, erano più o meno tutti uguali, ma adesso vedono gli altri, i nuovi venuti, i turisti che vestono bene e hanno la terra, la terra degli inuit, ai loro piedi. Come potrebbero non sentirsi marginali?

Il governo danese li sovvenziona, ma il problema non è economico: una cosa è sfamarli, altra è renderli fieri di sé. Loro non muoiono di fame perché nessuno li aiuta, ma perché non riescono a procurarsi il cibo in modo dignitoso.

Con la Casa Rossa mi sono limitato a esserci. Non davo grandi consigli, dicevo solo cose dettate dal buon senso, incoraggiavo i ragazzi e spiegavo loro che potevano rimanere finché volevano, e magari darmi una mano con qualche lavoretto.

A un certo punto mi sono reso conto che non potevo

più permettermi di sostenere economicamente la Casa Rossa. Il mio reddito proveniva dalle attività che svolgevo in Europa, ma se mi allontanavo a lungo dalla Groenlandia, quando tornavo trovavo una situazione disastrosa. Allora ho cominciato a pensare che se avessi dato un lavoro ai ragazzi, e non solo la mia attenzione, li avrei fatti sentire utili e li avrei aiutati di più.

Con molta pazienza ho cercato di sviluppare un turismo ecologico, e ho aperto la Casa Rossa solo a persone capaci di rispettare i padroni di casa, cioè gli inuit. All'ingresso ho messo una piccola targa che dice: «Noi qui siamo a casa loro», perché voglio che i visitatori non lo dimentichino.

E neppure i miei amici groenlandesi. Anche se non possono più cacciare, possono almeno mettere a frutto ciò che sanno fare: mostrare gli animali, accompagnare i turisti con le slitte, spiegare loro come hanno fatto a resistere per secoli in un clima tanto ostile.

È stato un processo che mi ha impegnato moltissimo. Le prime volte che spiegavo ai ragazzi che cosa dovevano fare, loro non capivano.

«Potrebbe essere un modo per darvi un lavoro», dicevo.

«Che bello, Robertì, che bella idea hai avuto. Ma che cosa vuol dire che ci dai un lavoro?»

Prendevo un ragazzo e gli dicevo: «Se tu sistemi la staccionata lì fuori, alla fine della giornata ti do dei soldi».

«Ah, grazie, ma non c'è bisogno che mi paghi. Te lo faccio lo stesso!»

Fare qualcosa in cambio di denaro non apparteneva alla loro cultura, erano stati abituati a dividere tutto e non conoscevano un impegno che andasse al di là del rapporto personale.

Dopo lunghi mesi di discussioni e riflessioni su quale fosse la soluzione migliore per loro, la Casa Rossa è diventata non solo un punto di riferimento per gli sbandati, ma anche un posto in cui i ragazzi possono trovare uno sfogo alla sensazione di essere stati marginalizzati.

Sono passati più di vent'anni ormai, e sono felice di constatare che, pur rimanendo una goccia nell'oceano, lavorare qui ha insegnato loro che esiste un'alternativa alla rassegnazione e alla resa di un popolo intero.

14

I demoni dell'altopiano

L'avventura è solo cattiva pianificazione.

Roald Amundsen

Nonostante il mio impegno crescente nelle attività della Casa Rossa e la mia decisione risoluta di abbandonare il mondo delle spedizioni, ero pur sempre un esploratore che viveva in Groenlandia. Quella era la mia natura più profonda, e ogni tanto ritornava a farmi visita prendendomi per il bavero, strattonandomi la camicia e dicendomi che c'era ancora qualcosa da fare. Al contrario di un cacciatore che guarda istintivamente in basso, verso il mare, alla ricerca di una foca, il mio sguardo era spesso attirato in alto, verso i ghiacciai e l'orizzonte bianco davanti a me.

Fin dai primi tempi in Groenlandia avevo cominciato a pensare a un progetto molto rischioso che richiedeva una lunga preparazione. Lo vedevo come una sorta di atto finale della mia carriera da escursionista: avevo l'impressione che si fosse chiusa in maniera un po' brusca, quindi volevo prendere congedo da quella che era stata la grande passione della mia vita con un'ultima, meravigliosa impresa.

Ne avevo parlato con un amico, un esperto alpinista sudtirolese che, nonostante fosse un atleta straordinario, aveva avuto un attimo di titubanza alla prospettiva di imbarcarsi in quello che gli stavo proponendo.

«Però lo facciamo», mi aveva detto pochi istanti dopo.

Avevo imparato a non insistere, e non avevo fatto nulla per convincerlo, ma ero felice che avesse accettato di partire con me. Sapevo che stavamo mettendo a rischio le nostre vite, non ero del tutto certo che saremmo tornati e non volevo assumermi la responsabilità della vita o della morte di qualcun altro. Tutti quelli che fanno il mio lavoro mettono in conto gli incidenti, ma non ci vedevo nulla di eroico nel rischiare di lasciare una famiglia senza un padre o una moglie vedova.

Non era un pensiero generico: nella mia carriera avevo perso amici, avevo visto morire compagni, e ogni volta credevo che non sarei più riuscito a ricominciare. È difficile spiegare a qualcuno estraneo alla mia attività come si possa convivere con la morte per così tanti anni senza mai pensare di abbandonare tutto. Forse una delle ragioni è che ogni escursionista è fermamente convinto che la pianificazione perfetta, l'organizzazione meticolosa, l'esperienza maturata permettano di prevenire o risolvere in anticipo tutti i possibili imprevisti. Pura illusione, ovviamente, o meglio presunzione, ma è l'unico modo per partire senza sentirsi un completo incosciente. O imbecille, che in questo caso è la stessa cosa.

Il progetto di cui avevo parlato al mio amico era tanto semplice nell'ideazione quanto complicato nella realizzazione: attraversare l'entroterra groenlandese percorrendo più di cinquecento chilometri con gli sci ai piedi. D'inverno. Non l'aveva mai fatto nessuno in quella stagione, perché significava affrontare il buio totale, ventidue ore al giorno di notte (talvolta rischiarata dalla luna), una temperatura stabilmente inferiore ai trenta gradi sottozero e venti gelidi che soffiano a più di cento chilometri orari.

«Robertì, lo vuoi fare veramente?» mi aveva detto un amico di qui.

Nella loro storia gli inuit non si erano mai avventurati nell'entroterra, se non lungo quei pochi tratti necessari per spostarsi da un fiordo all'altro. Loro dovevano stare vicino alle foche, sulla costa, a ridosso del mare. E l'altopiano era da sempre l'inferno, un luogo infestato dai demoni, che lì si rifugiavano nei mesi freddi.

«Perché vuoi andarci, Robertì?» mi chiedevano.

«Perché è il mio sogno», ripetevo. «Perché da anni penso che vorrei farlo.»

«Capisco», rispondevano.

Quando dicevo che era un sogno non ribattevano, anzi si offrivano di aiutarmi a fare una cosa che, dal loro punto di vista, era assolutamente folle. Non riuscivano a spiegarsi come potessi non avere paura dei demoni, né come pensassi di sopravvivere là fuori, ma trovavano buffo il fatto che fossi così matto da pensare di farcela.

«Tu sei matto, Robertì», commentavano ridendo a crepapelle.

Avevo parlato della mia impresa anche con Gudrun, la cui reazione era stata simile a quella degli altri: faticava ad accettare l'intenzione di fare una cosa così rischiosa, ma aveva capito che per me era importante e si era data da fare per sostenermi.

«Ho parlato con i demoni dell'altopiano», mi disse. «Ho cercato di convincerli che tu sei buono e di non farti alcun male quando ti vedranno.»

Il mio obiettivo era percorrere più di cinquecento chilometri in quaranta giorni. Mi ero convinto che se fossi riuscito a resistere al vento, al buio e al freddo, sarei stato un uomo migliore. Avrei portato dentro di me qualcosa che mi sembrava mancasse. Ero convinto che espormi a un certo grado di sofferenza mi avrebbe insegnato qualcosa su di me.

È strano dirlo, ma ho sempre pensato che la sofferenza sia parte integrante della vita. Non la cercavo, certo, ma ero pronto ad accettarla. È una cosa che ho imparato da questo popolo, consapevole com'è che il dolore è inevitabile, un aspetto come un altro dell'esistenza. La nostra società cerca di rimuovere anche il più piccolo malessere: per la febbre prendiamo l'aspirina, una pillola per il mal di testa e un'altra per il mal di pancia. Curiamo anche i sentimenti. Alla fine ci ritroviamo in un limbo permanente: non proviamo mai la sofferenza, e così ci viene a mancare anche la percezione della gioia, di quella felicità pura che avvertiamo quando è più forte del dolore.

In alta montagna hai solo alcuni istanti per fermarti a riflettere, poi devi prendere gli sci e buttarti giù. La giornata ha le ore contate, l'impresa è fatta di salite e discese pericolose, e devi rispettare meticolosamente i tempi e i programmi. Questa volta, invece, avrei avuto davanti a me centinaia di ore di impegno e fatica, attenzione e rischi, ma anche di estrema libertà. Quella sensazione di assoluto che solo in montagna mi era capitato di provare, finalmente si sarebbe estesa oltre la dimensione dell'attimo e sarebbe stata la mia unica, vera compagna.

Rimanere all'addiaccio per tanto tempo a quelle temperature significava entrare in uno stato fisico e mentale unico: tutto diventa più lento, corpo e cervello, e quindi anche i pensieri. In una situazione del genere perfino le mie idee sarebbero cambiate, o almeno così immaginavo: a sessanta gradi sottozero si perde la sensazione della fame e della sete, ci si limita ad assumere del cibo a ore stabilite e si vive il vuoto.

Là fuori ci saremmo stati solo io e la neve, io e una massa infinita di ghiaccio. Il buio del cielo, la luce polare, i riflessi della luna: avrei provato emozioni straordinarie. Non avrei avuto neppure una lampada, perché non ce n'è una che possa funzionare a cinquanta gradi sottozero. Neppure la benzina brucia a quella temperatura. Sotto quale luce avrei guardato il mondo?

Non sono solo gli occhi a vedere. Anni fa mi è capitato di avere gravi problemi alla vista che in parte ho poi risolto, ma sono rimasto quasi cieco per diverse settimane. Nel giro di qualche giorno sapevo dov'erano le pentole in cucina, intuivo dove appoggiare i piedi e avvertivo la presenza e persino l'identità delle persone intorno a me, anche se erano poco più di un'ombra.

Nelle situazioni estreme i sensi si affinano, e anche il nostro essere umani. Attraversare la Groenlandia di notte avrebbe confermato ciò che avevo sempre creduto: che in assenza della vista gli altri quattro sensi ci vengono in aiuto. E non solo i sensi, ma anche i capelli, che sono come antenne sulla testa, o la pelle, che è il nostro organo più esteso e permette di orientarci, anticipa il tempo che farà nelle prossime ore, capta informazioni che spesso non siamo capaci di ascoltare. È solo questione di tempo: chiunque stia due settimane nel deserto, di ghiaccio o di sabbia non importa, sarà in grado di muoversi su quel territorio con un istinto e uno spirito più sviluppati.

Mi piace la bellezza, a mio modo mi considero un esteta, ma nel momento in cui non siamo più in grado di vedere una persona, la accettiamo in un modo completamente diverso. Smettiamo di curarci del suo aspetto esteriore e cominciamo magari ad annusarla. È quello che fanno i nativi della Groenlandia: si baciano, sì, ma fra amici si annusano, perché secondo loro la grande anima di ogni essere umano entra ed esce attraverso il naso. La bocca è sempre piena di carne di foca o di balena, ci sono troppi sapori che coprono il vero profumo dell'anima, quindi sfregano il proprio naso contro quello di un altro per sentirne il vero odore. Buttano fuori l'aria dalla narice, un'aria che per loro ha il sapore dell'anima. Lo fanno con gli amici, non con gli altri, con i turisti, e quando mi sono ammalato così gravemente agli occhi ho subito capito il senso di questo gesto. Gli inuit colgono il carattere o lo stato d'animo di una persona direttamente dal suo odore.

Se volevo sopravvivere sull'altopiano dovevo parlare con le orecchie e sentire con gli occhi. Dovevo sfruttare tutte le potenzialità del mio organismo.

«Quando sei pronto dimmelo, che vengo in Groenlandia», mi aveva detto il mio amico.

Era un progetto molto complicato e ci siamo messi subito al lavoro. Per cominciare c'erano da risolvere alcuni problemi di ordine pratico. La prima volta che ero venuto in Groenlandia si era trattato di una traversata di tipo classico, ma in questo caso il freddo e il buio ci avrebbero messo di fronte a difficoltà nuove.

Oltre i quaranta gradi sottozero l'aria è troppo secca, e dopo una decina di minuti si spaccano i capillari dei polmoni. Dovevamo trovare un modo di proteggerli, quindi ho inventato un sistema di ventilazione che consisteva in una sorta di reticolo di tubicini di silicone legati sotto uno degli strati che mi coprivano: praticamente, recuperavano la traspirazione corporea per umidificare l'aria che avremmo respirato da un beccuccio che spuntava dalla tuta. Si inspirava dalla cannuccia e si espirava dal naso. Ho fatto vari tentativi per ricreare le condizioni in cui mi sarei trovato, finché mi sono convinto che il sistema funzionava.

Ma c'era un altro problema: il cibo. Prendendo spunto dall'alimentazione degli astronauti, è stato creato un composto altamente nutritivo che ci avrebbe permesso di assumere tutto il necessario per vivere. L'organismo avrebbe sciolto autonomamente gli scarti, così avremmo avuto la necessità di espellere le scorie solo una volta a settimana. Questo per rendere l'idea delle difficoltà a cui saremmo andati incontro. E mi fermo qui, per non addentrarmi in un campo troppo specialistico.

Quando mi è sembrato che tutto fosse pronto, siamo partiti. Facevamo una gran fatica a muoverci, e il primo giorno abbiamo percorso appena dieci chilometri, con sforzi immani. All'inizio dell'altopiano la temperatura è salita e si è messo a nevicare fortissimo. Ci siamo fermati perché era impossibile proseguire: nel giro di poco le slitte, che erano alte un metro e venti, erano completamente sepolte nella neve.

«Non ce la faccio, Robert. La neve è troppo pesante, non riesco a trascinare la slitta», mi ha detto il mio amico.

Non si vedeva niente, e se ci fossimo fermati avremmo rischiato di perdere le slitte, di non vederle più sotto la coltre bianca.

Siamo dovuti ripartire, e dopo un paio d'ore ho notato che il mio amico era di nuovo in difficoltà.

«Ho un gran freddo al piede», si è lamentato.

«Be', chiaro, non siamo mica a Rimini», ho ribattuto buttandola sul ridere. Me ne sono pentito subito: lui non sembrava affatto in vena di scherzi, non l'avevo mai visto così. Eppure stavamo facendo tutti i passi giusti.

«Dai, fermiamoci un attimo a riposarci», l'ho incoraggiato. «Vedrai che domani quando ripartiamo ti sarà passato il freddo.»

La mattina dopo la neve era ancora più alta, e abbiamo impiegato parecchie ore per fare poco più di un paio di chilometri. Eppure mi sentivo in forma, sentivo di potercela fare: nonostante il buio vedevo, mi orientavo, mantenevo la rotta.

La sera successiva, però, la situazione è precipitata: «Ho il piede congelato», ha detto il mio compagno.

Com'era possibile? Ci eravamo attrezzati per evitare queste cose. Ero frustrato: l'alpinista dentro di me voleva continuare, invece l'uomo sapeva che bisognava rientrare immediatamente.

Solo più tardi ho capito qual era stato l'errore: il mio amico si era aperto la tuta per fare pipì e non si era accorto che un po' di neve gli era entrata nella scarpa. La neve si era ghiacciata senza che lui se ne rendesse conto, e adesso rischiava di perdere il piede.

Non riusciva quasi più a muoverlo, così ho dovuto aiutarlo a camminare perché si trascinava con grande fatica. Ci siamo avvicinati a un paese e siamo stati soccorsi da alcuni ragazzi che ci avevano scorto in lontananza. Appena in tempo: il mio amico è stato ricoverato, e per una settimana l'amputazione sembrava inevitabile. Cosa ne sarebbe stato di un alpinista zoppo? si chiedeva. Dopo giorni di autentica disperazione, le sue condizioni sono migliorate e a poco a poco ha recuperato l'uso del piede. Tuttora scia e fa sport.

Mi sentivo responsabile: lui aveva commesso un'ingenuità, è vero, ma ero stato io a coinvolgerlo in un'impresa pericolosa, quindi avrei dovuto badare meglio a entrambi. La moglie di un mio ex compagno di avventure me l'aveva ripetuto spesso: era il marito a decidere, ma certe follie non gli sarebbero neppure passate per la testa se non gliele avessi proposte io.

Solo qualche settimana più tardi, quando l'emergenza era ormai rientrata, è sopraggiunta la delusione per non essere riuscito nei miei intenti. Ci avrei riprovato, decisi, questa volta da solo.

Mi sono organizzato, ho trovato una serie di sponsor e ho aspettato che ritornasse l'inverno. La sera prima di partire mi sono accorto che qualcosa non andava nella slitta, che era stata costruita apposta da un'azienda austriaca con un materiale antifreddo, il kevlar. Erano comparse piccole bollicine sui pattini in p-tex, e sembrava che la colla che teneva insieme p-tex e kevlar, i due materiali di cui erano fatti, si stesse staccando a causa della bassa temperatura. Ho provato a sistemarla, mi sono obbligato a pensare che fosse tutto a posto e me ne sono andato a dormire.

Ho passato una notte molto difficile: sapevo che partire era una follia, ma non volevo rinunciare perché non avrei avuto altre possibilità. Gli anni cominciavano a passare anche per me, le forze non erano più le stesse, e trovare dei finanziatori era già stata un'impresa. Il vecchio Peroni, l'uomo che ormai di giri per il mondo ne aveva fatti tanti, diceva che in quelle condizioni avrei dovuto rinunciare. Ho pensato alla mia famiglia, a mia figlia: per la prima volta mi sono detto che probabilmente non sarei tornato.

Potevo sopportare il pensiero che non avrei più rivisto le persone a me care? Ma un altro Peroni mise a tacere il vecchio brontolone, e il mattino presto partii per realizzare il mio sogno.

È andata come doveva andare: dopo qualche ora di cammino i pattini della slitta non stavano più attaccati. Non c'era nulla da fare, e prima che fosse troppo tardi sono tornato indietro, soccorso da un gruppo di cacciatori che mi hanno accompagnato nel primo tratto, quello che dalla costa saliva all'altopiano, e che non avrei potuto percorrere da solo.

Quando ho raccontato questa storia, più di uno mi ha detto che è stata una fortuna che sia tornato indietro così presto, altrimenti avrei perso la vita. Ma ora, a quasi settant'anni, con la vista molto impedita e non più nelle condizioni di sciare, so che mi rimarrà per sempre il rimpianto di non esserci riuscito.

All'inizio i miei amici inuit non mi venivano a trovare perché avevano paura: temevano che fossi diventato un demone, perché avevo conosciuto l'altopiano d'inverno. Dopo qualche giorno sono comparsi, e hanno organizzato una bella festa.

«Sei uno di noi», hanno detto, «non sei più un bianco. Sei andato sull'altopiano da solo e sei tornato.» Io mi sentivo un fallito, ma loro continuavano a ripetere che ero uno sciamano, perché secondo gli inuit solo uno sciamano poteva sfidare i demoni e fare ritorno.

15

Le danze sciamaniche

Gudrun mi ha raccontato che una volta, in un altro villaggio, c'era un uomo che aveva fatto tanto male. Aveva rubato, aveva ucciso, aveva aggredito le donne e pestato gli uomini. La gente non sapeva che cosa fare, e aveva chiesto aiuto al grande Maratse. Lui li aveva ascoltati, era rimasto qualche giorno a pensarci su e poi aveva preso una decisione.

Dopo avere raccolto un po' di uomini erano partiti su un umiak, la barca delle donne che, a differenza del kayak, può ospitare più persone. Arrivati nel villaggio, il grande Maratse aveva chiesto agli abitanti di raccontargli che cosa fosse successo, e loro avevano enumerato tutti i delitti, le cose cattive e i danni che quest'uomo aveva commesso.

Il grande Maratse aveva detto loro che c'era solo una cosa da fare, così era andato con i suoi nella casa di quest'uomo.

«Vieni fuori», gli aveva detto senza ricevere risposta.

«Vieni fuori che ti uccido», aveva urlato, ma quello non era uscito perché aveva paura.

Il grande Maratse non si era mosso, e i suoi compagni si erano messi di guardia davanti alla porta.

A un certo punto il malfattore aveva capito che quelli non se ne sarebbero andati, ed era uscito. Il grande Maratse l'aveva ucciso davanti a tutto il villaggio. Gli aveva tagliato la testa, le mani e i piedi, e la testa l'avevano seppellita con lo sguardo rivolto alla montagna, in modo che non guardasse né verso il mare, né per aria, altrimenti avrebbe potuto trovare gli altri arti, che erano stati nascosti sottoterra in posti diversi, e ricomporsi.

Quando parlava di suo nonno, il grande Maratse, Gudrun diceva sempre «Lui».

Lui mi ha raccontato.

Lui mi ha detto.

Lui mi ha insegnato.

Dopo che da bambina aveva parlato all'orso, quelli del villaggio avevano avuto paura di lei e dei suoi poteri, finché il grande Maratse l'aveva presa sotto la sua ala protettrice e tutti avevano capito che non dovevano temerla.

Il nonno era un uomo che risolveva i problemi, tutti rispettavano le sue decisioni e si affidavano a lui quando succedeva qualcosa di brutto. Nella tradizione inuit non c'è traccia di una forma di governo o di una qualsiasi autorità: ci si affidava alla discrezionalità degli uomini che stabilivano che cosa era giusto e che cosa era sbagliato. Spesso si chiedeva agli anziani o agli sciamani di decidere ciò che andava fatto, e si ricorreva alla violenza solo in casi estremi, cioè quando non usarla avrebbe causato ulteriore danno. Di solito era sufficiente la minaccia di escludere una persona dal clan: considerato com'era la vita qui, era peggio di una condanna a morte.

Come tutti gli sciamani, il grande Maratse cantava e componeva canzoni, il cui scopo era divertire, unire o infondere coraggio. Anche Gudrun lo faceva, e ho avuto la fortuna di assistere ai suoi canti e alle sue danze sciamaniche. Sebbene fosse già molto anziana, con il passare degli anni il suo rito diventava sempre più intenso, di pari passo con la sua spiritualità. Erano spettacoli eccezionali a cui assisteva tutto il villaggio, e spesso anche gli abitanti dei paesi vicini: si passava facilmente dall'allegria all'euforia e alla paura.

Le principali finalità delle danze sciamaniche sono tre, e la prima è sconfiggere la paura. Immaginiamo di vivere come gli inuit fino a trent'anni fa. Nella Groenlandia orientale il vento era troppo forte per costruire gli igloo, e d'inverno ci si rifugiava nelle tane sottoterra. Erano dei semplici buchi, ma dovevano essere il più piccoli possibile per difendersi dal gelo. Ci si stringeva dentro cercando di scaldarsi, accomunati dal terrore che i demoni là fuori potessero entrare.

La paura dell'ignoto è un istinto che abbiamo imparato a reprimere, a confinare nel tempo dell'infanzia. Tuttavia, forse ricordiamo quando da ragazzini siamo entrati per la prima volta in una vecchia casa abbandonata, magari di notte. Lo scricchiolio del pavimento, la nicchia d'ombra, la consapevolezza del proibito: era molto facile immaginare presenze, sentirle e perfino vederle.

Al buio e al freddo, chiusi in un buco sottoterra, i groenlandesi cadevano in preda alla fobia dei demoni. La morte potevano accettarla serenamente; a terrorizzarli era soprattutto l'idea di essere strappati dal nucleo famigliare, che un demone potesse catturarli e portarli via. Fare parte di un clan, per loro, era fondamentale per sopravvivere, o per morire con dignità.

In un grande clan c'erano due o tre cacciatori che garantivano il cibo per tutti, quindi dovevano saper catturare tante foche. Tre o quattro donne si aiutavano a vicenda per cucire le giacche, i pantaloni, le scarpe e ogni cosa utile per coprirsi. Non c'era gerarchia né maschilismo, solo una semplice divisione dei compiti perché il clan potesse perpetrarsi.

Nessuno era in grado di resistere da solo, perché ogni attività era essenziale per la sopravvivenza. Se il cacciatore stava fuori giorno e notte alla ricerca delle foche, non aveva il tempo per prepararsi i vestiti. E farne uno richiedeva una settimana di lavoro di una mano esperta, perché cucire era un'arte. Si usavano le schegge di osso come aghi, e il filo veniva ricavato dai tendini delle foche tagliati molto fini.

Per resistere al gelo indossavano giacche diverse: ce n'era una da tenere sopra, poi una molto calda di pelle e un'altra che copriva anche il viso, la quale veniva impermeabilizzata chiudendo i pori con il grasso della foca e del tricheco. Le donne trascorrevano intere giornate a preparare e a riparare gli indumenti.

C'erano anche altri compiti. In ogni clan doveva esserci qualcuno che sapeva dove piazzare la casa d'inverno, e in grado di scegliere un posto buono sia per la caccia alle foche, sia per le condizioni climatiche.

La prima danza di Gudrun era quindi contro la paura di essere catturati dai demoni. Lo sciamano si alzava e cominciava a raccontare storie buffe, vere e proprie barzellette per sdrammatizzare, come diremmo noi.

Invitava tutti a uscire: «Venite fuori dai vostri nascondigli, smettetela di stare rintanati», diceva.

«Non c'è alcun demone, ve lo siete inventato», ripeteva con un tono cantilenante.

«Potremmo divertirci tutti insieme, e invece ce ne stiamo da soli. Forza, uscite che ridiamo insieme», proseguiva a cantare.

Lentamente, le persone si facevano prendere dall'entusiasmo, scherzavano. Dalla paura nasceva una sorta di gioia liberatoria che sfociava in una festa di paese come potremmo intenderla in Italia. La differenza è che qui è tutto un po' più estremo, e le feste avevano un inizio improvviso e potevano durare per giorni.

La seconda finalità della danza era invece sciamanica. Lo sciamano cominciava a ballare, e cantando parlava della felicità, del sesso e della proliferazione. Era tutto molto libero: gli inuit non hanno i nostri pregiudizi, né i nostri schemi mentali, sanno ridere di tutto, del sesso, dell'amore, della fame, del freddo.

Erano canti ripetitivi e sincopati, da ascoltare in silenzio o accompagnando lo sciamano. I momenti di stacco si alternavano ad altri più intensi, con un ritmo che diventava sempre più martellante fino a raggiungere il climax, oltre il quale lo sciamano, che fino lì aveva usato parole comprensibili, parlava una misteriosa lingua che nessuno era in grado di capire. Né si sapeva che origine avesse.

L'ho notato numerose volte con Gudrun: iniziava a parlare una lingua sciamanica che aveva una sua grammatica, ma che non assomigliava a nulla di riconoscibile. Aveva un suono così bizzarro che i bambini scappavano o si nascondevano sotto il vestito delle madri perché faceva loro paura.

Dopo questa fase, che poteva durare minuti o anche ore, lo sciamano cominciava a raccontare storie: alcune già conosciute, altre le aveva «sentite» in qualche modo ed era arrivato il momento di renderle note.

Se c'era carestia, per esempio, chiedeva ai piccoli demoni di unirsi e trasformarsi in una foca per parlare alla dea del mare e chiederle di liberare tutte le foche che nascondeva nei suoi lunghissimi capelli. Non era una vera e propria preghiera, non c'era alcun rito: piuttosto, era una danza propiziatoria con cui si sperava di ingraziarsi i demoni e meritare il loro aiuto.

In altri casi lo sciamano narrava delle storie non necessariamente legate alla contingenza. Ne ricordo una in particolare che ritengo davvero sorprendente.

Parla di uno sciamano che, durante una danza, cade al suolo come se fosse morto. Tutti gli si fanno intorno e provano a svegliarlo, ma si accorgono che ha smesso di respirare e il cuore si è fermato. Non c'è nulla da fare, e il villaggio si dispera e piange.

Dopo pochi minuti dal corpo dello sciamano si libra un'aquila artica bianchissima. Apre le ali, prende il volo e sale alta in cielo, volteggiando sopra le teste, come per osservare il loro stupore. Poi, anziché dirigersi verso la costa o a sud, come fa sempre questo uccello, s'invola a occidente ed entra direttamente nella calotta polare.

Da quella parte però non c'è nulla. Lo sciamano, trasformato in aquila, non troverà niente ed è condannato a morire, pensano tutti. L'aquila invece torna dopo qualche giorno, e lo sciamano, il cui corpo è rimasto come pietrificato, si risveglia dal lungo sonno e racconta quello che gli è successo.

Descrive la sensazione di essersi trasformato in uccello, di essere volato in cielo con grandi ali che lo sostenevano leggero nell'aria. Parla delle sue virate, dice di essere arrivato a mille metri e di avere osservato la meravigliosa distesa di ghiaccio che si stendeva sotto di lui. A un certo punto una grande forza l'ha attirato in una direzione e lui l'ha seguita, senza pensare a dove stava andando. Voleva vedere oltre l'orizzonte.

«Ho volato per giorni a grandi altezze, sempre guardando in basso questo incanto di ghiaccio. Un giorno ero talmente stanco che mi sembrava di morire: avevo sete e fame, ma non riuscivo a vedere nient'altro che il bianco. E proprio quando stavo per arrendermi ho visto una nuvola strana, come quelle che si vedono da noi sul mare. Mi sono ripreso, ho proseguito e ho scoperto che là c'era davvero il mare. Ero sbalordito e rincuorato. Mi sono appoggiato su un pinnacolo di ghiaccio per recuperare le forze e mi sono addormentato. Al risveglio ho notato che il mare era come il nostro, però era da un'altra parte. E c'erano delle barche», racconta lo sciamano.

Tutti intorno restano in silenzio ad ascoltare.

«Queste barche erano come gli umiak, ma non erano umiak. Erano strane: al centro c'erano pali molto alti, ritti sulla chiglia, e intorno sventolavano enormi lenzuoli gonfi di vento. Mi sono di nuovo addormentato perché ero molto stanco, avevo volato a lungo. Un paio di giorni dopo, d'un tratto ho visto alcuni uomini, anche loro strani, con facce diverse dalle nostre, venire verso di me su per il ghiacciaio. Anziché camminare indossavano ai piedi come delle stanghe. Ho capito che volevano catturarmi, non so perché, ma ne ero sicuro. Prima che mi prendessero mi sono rialzato in volo, sono salito in cielo e sono volato fino qui.»

Questo è quanto raccontano gli inuit. Ma la cosa davvero sorprendente è che ritroviamo la stessa storia in una famosa saga islandese, però narrata dal punto di vista opposto, ovvero quello dei bianchi. È una delle antiche leggende che risalgono al Medioevo e costituiscono un corpus ampio e ricchissimo, specie se si considera che la popolazione islandese era molto più esigua di quella groenlandese.

All'epoca la società non era divisa in vere e proprie classi, e questi scritti raccolgono storie che rappresentano la vita di tutti, di cittadini comuni uguali l'uno all'altro.

* * *

Si dice che alcuni cacciatori di balene si spinsero fino a queste terre ed entrarono in contatto con uno strano popolo, ai loro occhi rozzo e ignorante, così pavido che lo misero subito in fuga. Poi si arriva all'episodio dell'aquila.

I cacciatori sono al porto, stanno preparando le barche per ripartire quando gli indigeni si avvicinano.

«Guardate», dicono, «c'è un uomo in cima al ghiacciaio.»

«Dev'essere uno sciamano», aggiungono.

«Figuriamoci, quello è un cialtrone e vi prende in giro», rispondono i bianchi.

«No, no, fate attenzione, non parlate così, perché quello è un grande sciamano molto potente.»

Secondo questo racconto, che a differenza di quello groenlandese è stato trascritto, i balenieri si arrabbiano: «Noi crediamo solo in Gesù Cristo. Non abbiamo paura di nessuno sciamano».

«Fate attenzione, quello è uno sciamano. Non bisogna disturbarlo», insistono gli inuit.

I cacciatori si prendono gioco di loro e decidono che è il momento di mostrare la forza dei bianchi.

«Adesso vi facciamo vedere noi quanto ci importa dello sciamano. Gesù Cristo è più forte di tutti gli sciamani, vedrete.»

Allora si avviano su per la montagna, con le racchette ai piedi per camminare sul ghiacciaio, e si accingono a catturare questo strano individuo solitario. Impiegano un paio di giorni per arrivare, la neve è alta e si fatica ad avanzare. Quando sembra ormai vicina, la figura che fino ad allora aveva avuto sembianze umane scompare nel nulla, e al suo posto compare un'aquila bianca. L'uccello si alza in volo, sale a grande altezza e si allontana verso est.

La cosa strana dei due racconti è che all'epoca in cui sono state scritte le saghe islandesi neppure si sospettava ci fossero insediamenti anche sulla costa orientale. Nessuno si era mai spinto fin là, perché le correnti non permettevano di navigare a vela. E da parte loro gli inuit non conoscevano di certo questa saga islandese, visto che sono rimasti analfabeti fino a qualche decennio fa.

La terza finalità delle danze sciamaniche è la guerra al tamburo, una vera e propria battaglia verbale tra due individui. È il sistema che gli inuit si sono dati per dirimere le controversie, un processo pubblico con modalità e giudizio finale completamente diversi dai nostri.

In ogni società, anche quelle più coese, esiste sempre qualcuno che trasgredisce le regole. E ogni società, anche una poco strutturata e affatto gerarchica come quella inuit, deve trovare una soluzione. Qui chi creava problemi veniva sfidato alla danza al tamburo.

Di solito si sceglieva una giornata di sole, si aspettava che fosse molto alto e ci si recava in un luogo a cui tutti riconoscevano un particolare potenziale energetico. Lo scopo della danza era ridicolizzare il trasgressore, che cercava di difendersi come poteva. La battaglia era solo a parole, uno scontro verbale in cui bisognava dimostrarsi capace di umiliare l'altro e di metterlo di fronte ai propri errori sotto gli occhi del clan.

Da queste parti ridere è una forma di vita, e in questa danza la risata diventava il metro per stabilire l'esito della gara, per decidere chi fosse il vincitore e chi lo sconfitto. Era il pubblico a scegliere, sottolineando con risate più o meno fragorose le frasi dell'uno o mettendo in ridicolo quelle dell'altro. Chi perdeva il controllo di se stesso e non riusciva più a tenere il passo del botta e risposta, doveva ritirarsi.

Ci si sfidava a colpi di storie, scherzi, narrazioni tradizionali, battute che andavano a colpire i punti deboli del nemico. Il tamburo serviva per dare un ritmo ai racconti e richiamare l'attenzione del pubblico.

Di solito chi perdeva veniva messo ai margini del clan, e allora doveva darsi molto da fare per riconquistarne la fiducia. In realtà non c'era una vera e propria regola: nei casi più gravi il colpevole veniva allontanato per un certo periodo, in altri poteva semplicemente essere perdonato.

Al di là dell'esito, comunque, queste lotte con il tamburo avevano un ruolo molto importante nelle dinamiche sociali degli inuit. Invitarmi ad assistere è stato uno dei più grandi regali di Gudrun.

16

I demoni non esistono

Una sera che aveva nevicato tanto entrò nella Casa Rossa un ragazzo sui quindici anni. Non bussò nemmeno. Erano le cinque o le sei di una sera d'inverno, erano caduti almeno due metri di neve ed eravamo immersi nel buio pesto della notte polare.

Il ragazzo indossava una T-shirt e un paio di pantaloncini, ma era tutto sudato.

«Cosa stai facendo, non hai freddo?» gli ho chiesto.

«No, no, ho caldo.»

Non mi spiegavo come mai stesse sudando, doveva avere la febbre molto alta.

«Ci sono quindici gradi sottozero, non puoi andare in giro così. Ti prendo una coperta e ti preparo un caffè caldo.»

«Voglio rimanere qui stanotte, posso Robertì?»

«Certo che puoi, ti facciamo spazio. Ma che cos'hai, sembri spaventato.»

«Ho visto la donna verde.»

«Chi è la donna verde? Cosa vuol dire?»

«Non lo so, l'ho solo intravista e poi ho abbassato lo sguardo. Perché se la guardi negli occhi diventi cieco.»

Un giorno di una ventina d'anni fa ero in un fiordo meraviglioso, poco lontano da Tasiilaq. Stavo facendo una gita per tenermi in forma e guardarmi un po' intorno, e pensavo di tornare entro sera.

Ero completamente solo con la slitta in mezzo alla neve. La cosa bella di queste zone, e di praticamente tutta la Groenlandia, è un fenomeno comune al deserto: il paesaggio non è mai uguale a se stesso, da un giorno all'altro le raffiche di vento smussano gli angoli di una piccola collina, una nevicata intensa seppellisce la pianura ghiacciata, l'aumento della temperatura lascia intravedere il fondo terroso e vira verso il marrone il colore della neve. Anche ripetendo lo stesso giro ogni settimana, si rimane sempre sorpresi da quello che si vede, e da quanto il vento e la neve abbiano riplasmato il paesaggio in cui ti muovi con gli sci ai piedi.

Mentre avanzavo con le racchette da neve ho visto in lontananza un puntino che si spostava. Non era vicino, anzi, però mi sono detto che se era un orso, come in effetti mi sembrava, era meglio prepararsi. Ho tirato fuori il fucile e ho cercato di capire se la prima impressione era giusta.

Forse no: il puntino nel frattempo si era mosso, e da quella distanza non pareva più un orso. Allora ho tirato fuori il cannocchiale e ho constatato che si trattava di un uomo. Tutto solo, come me, con il cane e la slitta.

Mi sono avvicinato e lui mi ha accolto con il consueto sorriso degli inuit.

«Ciao», mi ha detto.

All'epoca non parlavo molto bene la lingua e mi sono limitato a rispondere al saluto.

«Non sei danese, vero? Sei qualcos'altro.»

Cercava di farsi capire a gesti, pensando che «Ciao» fosse tutto il mio vocabolario groenlandese, in realtà conoscevo abbastanza parole per poter affrontare un dialogo semplice. Abbiamo cominciato a parlare. Mi ha raccontato che stava seguendo le tracce di un orso bianco che gli era scappato, e abbiamo riso insieme quando gli ho detto che avevo scambiato lui per un orso.

Mi sono presentato, gli ho detto chi ero e quanto mi piaceva stare in Groenlandia, che era un Paese meraviglioso e stavo facendo un'escursione per conoscere la zona. Lui è rimasto colpito dal fatto che non avessi una guida o dei compagni – di bianchi ne aveva visti, però mai da soli in mezzo al ghiaccio –, e credo mi abbia preso subito in simpatia perché parlavo un po' la sua lingua. Il groenlandese è un idioma molto complicato con forti differenze tra una zona e l'altra, e non sono tanti i bianchi che lo conoscono: come per tutto il resto che riguarda questo Paese, il tipico atteggiamento occidentale è pensare che non valga la pena di fare lo sforzo per imparare alcunché.

Il cacciatore mi ha chiesto se volevo andare da lui, abitava non lontano da lì, e l'ho seguito. Viveva ancora alla vecchia maniera, in una casa a forma di igloo, ma con le pareti di legno. Dopo le solite chiacchiere sulla caccia, che qui rappresentano quello che per noi sono le discussioni sportive, ha cominciato a parlarmi dei demoni, di quelli che secondo lui vivevano nel suo villaggio e di come anch'io avrei dovuto farci i conti vivendo in Groenlandia. Gli ho chiesto molte cose, e lui sembrava divertito dal fatto che fossi tanto interessato a storie che per lui erano vita quotidiana. La stessa vita dei suoi genitori e dei suoi nonni, su fino ai più remoti antenati.

È stata una bellissima giornata, e verso sera l'ho salutato perché avevo ancora parecchia strada da fare per tornare al villaggio.

«Vieni a trovarmi», mi ha detto, «se non sono in giro, sono sempre qui.»

Nonostante quel pomeriggio passato a parlare e a bere caffè mi fosse rimasto bene impresso nella mente, ci siamo rivisti solo rapidamente in una circostanza particolare di cui parlerò tra poco. Era passato moltissimo tempo da quella giornata, finché una ventina d'anni dopo il nostro primo incontro, mentre accompagnavo dei turisti nel suo villaggio, ho domandato a una mia collaboratrice del posto che fine avesse fatto quella casetta vecchio stile, ora sostituita da una casa moderna e colorata.

«Sì, mi ricordo di quella casa», mi ha detto lei.

«Ci abitava un amico, mi piacerebbe rivederlo», e le ho raccontato come ci eravamo conosciuti.

Il giorno dopo la donna è venuta a dirmi che un uomo, evidentemente il mio amico, era passato da lei per chiederle la stessa cosa: le aveva detto che mi aveva visto al villaggio, e siccome aveva anche lui un bel ricordo di quella giornata di tanti anni prima avrebbe voluto fermarmi e salutarmi, ma non aveva osato.

La sera sono andato a trovarlo. Ci siamo abbracciati con affetto, abbiamo scherzato sul fatto che fossimo invecchiati e ci siamo raccontati che cosa era successo nel frattempo. Gli ho confidato che stavo facendo ricerche sullo sciamanesimo, e che avevo una mezza idea di scrivere qualche articolo o addirittura un libro sull'argomento.

«Ricordi? Ne avevamo parlato tanto quel giorno. Mi piacerebbe che mi aiutassi», gli ho proposto.

«Sì che mi ricordo», ha risposto, come se non gli andasse molto di parlarne. «Ma i demoni non esistono.»

«Come no? Sai benissimo che esistono.»

«Esistono, sì, ma non bisogna parlarne.»

«Perché? Con me puoi parlarne, con i tuoi amici anche. Vorrei solo che mi raccontassi qualche storia.»

Allora lui ha cominciato a dirmi che quelle storie non si dovevano scrivere, perché era vietato.

«Se mi dici che è vietato, lo accetto. Ma che tu dica che i demoni non esistono no. Sai bene che sono stato nell'altopiano, ero nell'inferno dei demoni e sono tornato. E voi mi avete salvato.»

È stata questa l'occasione cui accennavo poco sopra: quando il mio compagno e io eravamo tornati distrutti dal primo tentativo di traversata della Groenlandia, a soccorrerci era stato proprio questo cacciatore che avevo conosciuto anni prima insieme alla gente del suo villaggio. Allora mi avevano raccontato di averci visti scendere dalla montagna al buio, e di avere avuto paura. Pensavano fossimo demoni, non vedevano bene e sono rimasti rintanati in casa fino a quando hanno capito che eravamo due uomini, per di più in tremenda difficoltà, ed erano corsi ad aiutarci.

«Sì, lo so, i demoni esistono, ma visto che non si può parlarne è inutile farlo», mi ha detto il mio amico. Allora ho capito che era meglio cambiare discorso.

Rientrato a casa, sentivo tutta l'amarezza di questa popolazione, la quale si era lasciata convincere che rispettare le proprie tradizioni significava essere primitivi e apparire ridicoli agli occhi dei bianchi. Quell'uomo, come tanti altri inuit, aveva quindi rinunciato a ciò in cui credeva perché la sua natura amichevole lo spingeva a non scontrarsi mai con nessuno e a non dispiacere il prossimo. Se i bianchi ci tenevano tanto che loro non parlassero dei demoni, be', allora li avrebbero accontentati.

Anche le danze al tamburo non esistono praticamente più. Sulla costa orientale se ne sente parlare di rado, e la sensazione è che lo sciamanesimo, come gran parte della cultura inuit, stia per essere sradicato.

Per quanto ne so, le danze sciamaniche di Gudrun sono state le ultime: arrivata a una certa età, questa donna incredibile si era liberata di tutti i vincoli che i bianchi le avevano imposto.

La Chiesa proibisce queste danze? E io le faccio lo stesso, pensava.

Lo sciamanesimo non esiste? Non importa, vediamo che cosa fa la gente se la chiamo a vedere le mie danze.

Che cosa possono farmi? Sono vecchia, sembrava dire a quelli che la guardavano. Gudrun era come un'istituzione qui: che ci provassero i bianchi, a toccarla.

È strano per me vedere quanto si faccia per conservare edifici magari meravigliosi, non lo metto in dubbio, ma quasi a nessuno interessi preservare le comunità inuit. O qualsiasi altra civiltà indigena che abbia avuto un'evoluzione diversa rispetto alla visione occidentale del mondo.

Una volta ho sentito un'intervista a un architetto riguardo a un progetto di ristrutturazione di un'area industriale da convertire in uffici. Certo, l'idea poteva essere buona, ma l'area distrutta non sarebbe mai più tornata come prima. Se non ci saranno più le fabbriche, che cosa capiranno i bambini quando il nonno racconterà che lui lì ci costruiva le macchine o i ferri da stiro? Di quelle pareti, che sono state un pezzo di storia del territorio e della comunità, non rimarrà la minima traccia. A pochi passi c'erano le fondamenta di un circo romano risalente a duemila anni fa, circondato da un recinto e sorvegliato affinché nessuno lo danneggiasse. Perché tanta cura per quel monumento e tanta fretta di far saltare con un colpo di dinamite una costruzione che aveva segnato la storia di tutte le famiglie vicine? È strano, no?

L'idea di progresso come valore in sé non mi ha mai convinto. E per me è altrettanto incomprensibile vedere la docilità e la rassegnazione con cui le persone di qui si arrendono a quello che probabilmente considerano un processo ineluttabile: la progressiva spoliazione della loro storia. Si parla tanto di suicidi tra gli inuit, ma se uno non vuole combattere e qualcun altro gli toglie quello che per lui è importante, quale altra scelta gli rimane?

I bonzi si bruciavano in piazza. Gli inuit hanno una cultura talmente unica che semplicemente si sentono male, non riescono a elaborare il malessere – non hanno una visione politica né sociale della sofferenza –, e quando le cose diventano insostenibili si tolgono la vita. Punto.

«Per il freddo... be', con quel buio...» diciamo noi bianchi, felici di scaricare la colpa sul clima. Eppure il clima è rimasto immutato, ma nessuno si chiede perché il tasso di suicidi sia salito vertiginosamente negli ultimi trent'anni.

Qualche anno fa ero in barca con mia figlia. Anche se lei ha trascorso quasi tutta la vita in Italia, siamo sempre rimasti in contatto e andiamo molto d'accordo. Forse non sono stato un padre molto presente fisicamente, ma ho sempre cercato di starle accanto il più possibile. Credo abbia capito la mia scelta di rimanere qui.

Durante una delle sue frequenti visite in Groenlandia siamo andati a trovare alcune persone che desideravo presentarle. Era una bella giornata, e il mare era completamente piatto. Stavamo passando vicino a una vecchia base militare statunitense della Seconda guerra mondiale che avevo visitato tempo prima, e ho pensato che anche mia figlia sarebbe stata curiosa di visitarla. Gli americani, come del resto i nazisti, avevano installato stazioni meteorologiche in Groenlandia perché avevano capito che, a partire dalle condizioni climatiche di qui, potevano prevedere che tempo avrebbe fatto in Europa nei giorni successivi, e quindi pianificare le offensive militari con più precisione. Il freddo aveva conservato tutto come sessant'anni prima: c'erano ancora i camion dell'esercito, le gru, i trattori, le lattine di Coca-Cola, i barattoli di fagioli.

«Ci fermiamo?» ho detto all'amico che guidava la barca.

«No, Robertì, lì non ci andiamo.»

«Perché no?»

«C'è un demone, non possiamo andarci.»

«Ma chi l'ha detto? L'hai visto con i tuoi occhi?» provo a scherzare, ma lui è molto serio.

«No, non l'ho visto. Però me l'hanno detto che non ci possiamo andare.»

«Ascolta, per me è tranquillo. Attracca, noi facciamo un giretto e tu aspetti qui. D'accordo?»

«No, Robertì, c'è qualcosa di malvagio, non ci possiamo andare. E non voglio che ci vai neanche tu.»

Non volevo rassegnarmi, chissà quando sarebbe capitato di ripassarci davanti. Allora ho puntato sulla mia reputazione di mezzo sciamano bianco.

«Io sono forte, non ho paura.»

«Sì, lo so che sei forte, Robertì. Ma qui c'è un demone e non si può scherzare.»

Ho insistito finché lui ha deciso di accontentarmi.

«D'accordo, però stiamo tutti vicini. Non ci allontaniamo e io prendo il fucile.»

Mi sembrava già abbastanza preoccupato, così ho evitato di ricordargli che il fucile non sarebbe servito granché contro i demoni.

Siamo sbarcati e abbiamo gironzolato intorno ai resti della base, mentre lui ci osservava guardingo con il fucile spianato.

Mia figlia, pur non capendo la lingua, aveva colto la dinamica dello scambio tra me e il mio amico. Credo abbia pensato che forse non avrei dovuto insistere così tanto, ma conosceva abbastanza suo padre da sapere che non avrei rinunciato. In generale, mi sembrava che tutta la situazione la divertisse, perché ogni volta che lei e io ci allontanavamo di pochi metri, il mio amico ci faceva segno con la mano di tornare indietro.

«Restate qui, venite qui», continuava a dire preoccupato.

Noi camminavamo tranquilli e lui ci veniva appresso con il fucile.

«Non è ora di andare?» chiedeva ogni tanto.

Qualche minuto dopo, mentre tornavamo verso la costa, ho detto loro di proseguire in barca senza di me. C'era una vecchia discarica a mezzo chilometro e volevo andare a vedere se trovavo qualcosa di interessante. Sarei andato a piedi e ci saremmo ritrovati mezz'ora più tardi.

Il mio amico aveva assunto un'espressione strana, ma mia figlia era talmente rilassata che anche lui si era tranquillizzato.

Ho continuato a piedi, costeggiando il mare ma nascosto da una collinetta di neve. Come spesso mi capita mi sono lasciato distrarre: c'erano cose che non mi aspettavo di vedere, e senza accorgermene mi sono attardato. Non tanto, forse venti minuti.

Quando sono spuntato da dietro un piccolo rilievo, mia figlia ha cominciato a chiamarmi. Appena mi sono avvicinato, mi ha buttato le braccia al collo.

«Stai bene, papà, sei sicuro? Ho avuto tanta paura...»

Ho annuito e sono salito in barca, confuso. Poi mi sono accorto che mia figlia era tesa quanto il mio amico.

«Ora torniamo, papà, basta soste», mi ha detto.

Nonostante tutti i tentativi di «normalizzare» questo luogo, c'è qualcosa di particolare nell'aria. Chiunque si fermi qui per più di qualche giorno lo sente. Mia figlia, nata e cresciuta in Italia, ha avvertito la suggestione del luogo e ha cominciato a crederci. Era rimasta con un uomo che si aggirava con il fucile spianato in cerca di demoni, io non arrivavo e si era convinta che mi avessero catturato.

«Ma tu allora ci credi ai demoni, Robert?» mi chiedono spesso.

Non lo so, ma questo non è un luogo qualsiasi. E non parlo solo del freddo o del ghiaccio.

17
La caccia alla balena

Un giorno ero sulle Prealpi comasche e chiacchieravo con alcune persone, tra cui il gestore del rifugio a mille metri in cui mi trovavo. A un certo punto è passato un ragazzo su una moto da trial facendo un gran baccano e coprendo le nostre voci. Ci siamo girati e l'abbiamo visto arrampicarsi su una mulattiera molto ripida che porta a un pascolo qualche centinaio di metri più in alto. Poco oltre il pascolo c'è un bivacco dove si può passare la notte.

«Ma guarda che idiota, in un posto così bello», ha detto un ragazzo di Milano.

«Idiota?» ha ribattuto il gestore del rifugio, fissando il ragazzo con gli occhi iniettati di rabbia.

«Sì, in questa pace, fare questo casino», ha spiegato il ragazzo, non capendo la sua reazione.

«Non hai visto?»

«Che cosa?»

«La porti tu sulle spalle la bombola del gas per cucinare la salsiccia che ti mangerai stasera in cima alla montagna?»

Ho assistito un paio di volte a una caccia alla balena. In queste zone è perfettamente legale: ogni anno vengono assegnate delle quote, di solito poche unità, e fino al raggiungimento del numero massimo è lecito catturarle.

Capisco le ragioni della caccia, riconosco l'importanza che ha nella storia di questo popolo, eppure non riesco a considerare la cattura di un animale così bello e maestoso come un evento spettacolare o affascinante. Anni fa ho visto un film che mostrava i pescatori siciliani impegnati in una tonnara: anche quella volta rimasi impressionato dal sangue e dalla violenza, forse necessaria ma dolorosa da vedersi.

La caccia alla balena comincia con una serie di barchette che seguono l'animale.

«C'è una balena, al largo, andiamo!» dice uno per chiamare a raccolta gli altri.

Il cacciatore inuit spesso è solitario, gli piace muoversi da solo, ma quando si tratta di simili cetacei bisogna essere in tanti. Su una barca c'è un uomo a prua, in piedi, legato con una corda perché non cada. In mano ha un arpione con cui dare il primo colpo: un semplice uomo cerca di infilzare un animale lungo almeno dieci volte lui e pesante un centinaio di tonnellate. Ancora una volta, non si tratta di un gioco, è pura sopravvivenza: una balena può infatti allontanare per diversi giorni lo spettro della fame da un intero villaggio.

Per quanto sia una sfida molto crudele, le regole d'ingaggio esistono da ben prima che venissero imposte dalla comunità internazionale. Nella prima fase della caccia non si usano armi, è una sorta di *fairness* tra pescatore e balena. Usare un'arma da fuoco renderebbe la lotta impari, e qui nessuno vuole vincere senza combattere. In qualche modo il cacciatore sente di doversi meritare la balena.

Ma c'è un'altra ragione: l'animale potrebbe essere colpito a morte prima di essere catturato e inabissarsi. Non è giusto uccidere una balena inutilmente, e qui lo sanno da molto prima che lo dicessero gli ambientalisti. Colpendo la balena con l'arpione, invece, si riesce a tenerla a galla per un po'.

Le barche girano attorno al cetaceo, che comincia ad agitarsi e solleva tantissima acqua. I pescatori lottano per non ribaltarsi, e l'uomo in piedi, legato con la corda, dà le indicazioni a chi sta al timone affinché lo porti nella posizione migliore per il lancio. Si avverte la paura, il nervosismo, la trepidazione. Tutti sanno che la caccia potrebbe concludersi con una gran festa o con la morte di un compagno.

È difficile guardare la scena con indifferenza: è interminabile, brutta da vedere e soprattutto dolorosa, perché non si può non soffrire per questo animale maestoso ferito a morte.

Una volta ho assistito solo all'epilogo di una battuta, risparmiandomi i passaggi più cruenti. Ero alla Casa Rossa.

«Guarda, Robertì, vieni qui», mi ha chiamato un amico, facendomi segno di raggiungerlo alla finestra. Aveva gli occhi lucidi, né euforico né triste, forse solo un po' commosso.

In lontananza si intravedevano sei o sette barche che

si avvicinavano lentamente alla riva. In mezzo a queste, imprigionata con una serie di corde, c'era la balena, che scivolava mestamente sull'acqua. Non ero sicuro di voler assistere: mi sembrava morboso, come quelli che si fermano per strada sul luogo di un incidente.

Tuttavia, più si avvicinavano più mi rendevo conto che l'atmosfera era molto diversa da quella che mi sarei aspettato. Era come una processione: prima c'era una barca, poi la balena sorretta dai galleggianti, e ai lati due file di barche. Procedevano piano, in silenzio, senza neppure comunicare da un ponte all'altro.

A un certo punto è arrivato un ragazzino, è salito sulla balena e le si è seduto sopra, ma con rispetto, senza alcun senso di conquista. Sembrava che volesse farle compagnia, come un parente che tiene la mano del defunto dopo il decesso. Sono rimasto lì alla finestra, non avevo il coraggio di scendere al porto perché mi sarebbe sembrato di intrufolarmi nel rito funebre di uno sconosciuto.

Quando si sono avvicinate alla riva, le barche che procedevano parallele all'animale hanno circondato la balena, l'hanno sollevata e portata in paese. Nessuno parlava, come in una festa del santo patrono con la statua che gira per le vie e la gente che scende in strada in segno di riverenza. Era strano: l'avevano uccisa, si erano accaniti sul corpo, ma ai miei occhi di spettatore non sembravano aggressori. I loro gesti comunicavano delicatezza, rispetto, quasi si stessero scusando.

La balena è stata sistemata a terra e i cacciatori hanno cominciato a spolparla. Per le prime ventiquattro ore l'animale appartiene soltanto a loro, poi diventa di tutti. Il giorno dopo gli abitanti del villaggio si sono messi in fila, e ciascuno ha ricevuto un bel pezzo di carne. C'è qualcosa di simbolico nel fatto che l'intero paese si riunisca per dividersi il cibo. Quello che è rimasto è stato messo a seccare, perché qui non c'è la tradizione dell'affumicatura. Ogni cacciatore ha una specie di baracca con dentro un filo simile a quello per la biancheria, sul quale vengono appesi il pesce o la carne a seccare.

La caccia alla balena, come i cani lasciati all'addiaccio, è motivo di discussione con i turisti di passaggio alla Casa Rossa. Io lo ripeto sempre: «Qui siamo a casa loro, non giudicate. Nessuno lo fa con voi, prendetevi almeno il tempo di conoscere questo popolo prima di accusarlo». E prontamente mi sento dire che sono vittima di qualche fascinazione che mi impedisce di ragionare.

La scorsa estate, per esempio, sono arrivati al porto alcuni cacciatori che avevano appena catturato una balena. I turisti sono subito insorti: «Hai visto che roba? È una specie protetta, dobbiamo fare qualcosa. Andiamo a protestare, è una vergogna!»

Ho consigliato loro di calmarsi, di non interferire perché era un periodo difficile per i ragazzi di qui, si sentivano sempre sotto accusa. «È loro pieno diritto cacciare la balena», ho aggiunto, «lo dicono gli accordi internazionali.» Non stavano facendo nulla di illegale, e per loro era un momento di festa che andava rispettato. In fondo era bello che tutto il villaggio si dividesse la carne.

I turisti mugugnavano: «Non lo so, Robert». Oppure: «Mah, può darsi». Evidentemente non ero riuscito a convincerli.

Quella sera, prima di andare a dormire, ho visto i cacciatori che lasciavano il porto. Alle loro spalle era rimasta la carcassa della balena con ancora metà della carne attaccata. Non era un bello spettacolo, e sapevo che cosa stava per succedere. Nel giro di pochi minuti mi sono ritrovato di nuovo in mezzo agli ospiti della Casa Rossa, i quali, visto che non potevano prendersela con i ragazzi giù al porto, usavano me come capro espiatorio. Mi accusavano di essere un idealista che difendeva a spada tratta gli inuit qualunque cosa facessero: li descrivevo come santi o poveracci quando invece avevano ammazzato una balena per lasciarne metà a marcire.

«Abbiate pazienza», dicevo, «non è come pensate.»

Anziché placare gli animi, li stavo scaldando.

«Ma quale pazienza!» ha cominciato uno. «Guarda la carne sprecata. L'hanno lasciata lì, se la mangeranno i cani.»

Qualunque cosa dicessi, mi si ritorceva contro. Ho lasciato perdere e me ne sono andato a letto, ma prima ho detto timidamente: «Aspettiamo domani, poi prometto che ne riparliamo». Confidavo nel fatto che il corso degli eventi mi avrebbe dato ragione.

Il giorno dopo mi sono alzato presto. C'era un cielo bellissimo, e guardando dalla finestra ho visto che al porto, attorno alla balena, c'era tutto il paese. Poveri e vecchi si erano presentati con un coltellino e un sacchetto per mangiare o portarsi via i pezzi di carne. Non c'era foga, nessuno spingeva o passava davanti all'altro: semplicemente erano lì, ordinati e calmi che prendevano ciascuno la propria parte. Dava un senso di pace osservarli, sembrava tutto così facile: un villaggio in cui ognuno aveva un ruolo, e in cui si dividevano vantaggi e svantaggi, fortune e sfortune. Poche ore dopo le ossa della balena brillavano al sole, pulitissime, senza neanche un pezzo di carne attaccato. Tutto il paese aveva un po' di quella carne in pancia.

In questi anni la Danimarca ha provato a difendere la causa degli inuit, sollevando nelle sedi preposte il problema di conciliare le esigenze degli indigeni con le istanze ecologiste. Tuttavia si è scontrata sistematicamente con la comunità internazionale, che ha preso un orientamento a favore degli animali polari.

Attualmente la foca può essere cacciata in queste zone, ma non se ne può vendere la carne o la pelle: un paradosso evidente per chiunque conosca questa regione. Nelle scelte dell'Unione Europea c'è forse più ignoranza che dolo: nessuno a Bruxelles capisce che per cacciare bisogna avere i soldi per la benzina. Come si va in mare senza una barca? Come compri la vernice impermeabile per prepararla a inizio stagione? Come si ripara il motore? Gli inuit non vogliono diventare ricchi con le foche, si limitano a prendere il necessario per sfamare la propria famiglia, e quello che rimane lo usano per pagarsi le spese.

Siamo tremilacinquecento persone su una costa lunga ventimila chilometri. Sono davvero gli inuit a rovinare il mare con le loro barchette da cinque metri? O a provocare danni all'ambiente con motori da pochi cavalli? Non mi pare. Numeri alla mano, qui si caccia meno di un millesimo delle foche esistenti. Anche per gli orsi bianchi sono state stabilite delle quote: se ne possono cacciare venti o trenta all'anno, anche se il loro numero non è in declino, bensì in crescita.

Mi capita spesso di partecipare a conferenze su questo tema, e ogni volta vengo accusato di difendere tradizioni barbare o di non avere alcuna sensibilità ecologica. Proprio io, che lavo i pantaloni una volta alla settimana per poi rimettermeli puliti il giorno dopo. In Groenlandia consumiamo probabilmente un decimo rispetto a qualunque popolo occidentale, e teniamo in vita una terra in cui nessuno ha mai voluto abitare.

«Perché non coltivate la soia, o l'orzo, o il grano?» mi dicono quando spiego che non ci sono altre fonti di sostentamento oltre alla caccia e alla pesca.

«E dove la coltiviamo la soia? Non c'è mai stata l'agricoltura qui, e non certo per scelta.»

Qui non si uccide, si caccia: sono due cose molto diverse. Qualche tempo fa girava attorno al villaggio un orso con i suoi piccoli. Era pericoloso, si avvicinava alle case dove giocavano i bambini, ma nessuno si è permesso di ucciderlo perché questo avrebbe significato lasciare senza madre i cuccioli.

Se nelle decisioni dell'Unione Europea vedo soprattutto

ignoranza, molto diverso è il mio punto di vista sulle associazioni ecologiste. A partire da Greenpeace. Ammetto che quando ha cominciato le sue campagne, alla fine degli anni Settanta, forse non era al corrente della situazione locale, ma ha continuato anche quando è emerso che il divieto di caccia alla foca avrebbe comportato l'estinzione di questi popoli. Greenpeace non ha voluto rinunciare a una campagna che ha raccolto il consenso di milioni di persone in tutto il mondo, quasi sempre in buona fede ma del tutto all'oscuro della realtà locale, ovvero che un'intera civiltà si sta estinguendo.

Qual è l'idea degli inuit, o meglio degli «eschimesi», cioè i mangiatori di carne cruda, che si ha in Europa?

«Ah, Groenlandia, vivi in un igloo?»

«Ma fai il buco nel ghiaccio per pescare?»

Le domande che mi fanno quando racconto che vivo in Groenlandia non vanno molto al di là di quello che io stesso ricordo di avere studiato da bambino a scuola: un popolo buffo che chissà perché vive in case di ghiaccio. Non si può dare la colpa alla gente – questa è una realtà piccola, circoscritta e difficile da conoscere –, ma si dovrebbe pretendere che almeno le organizzazioni internazionali conoscano la portata e le conseguenze delle loro azioni.

Tra qualche anno, quando diremo che gli inuit sono spariti, non saranno scomparsi per caso, ma perché stiamo facendo di tutto per cancellarli dalla faccia della Terra.

L'anno prima che venisse ufficialmente bandita la caccia alla foca, alla fiera internazionale di Copenaghen, il Fur Stock Exchange, non è stata venduta neppure una pelle, e tutti i commercianti temevano che non avrebbero trovato clienti. La Danimarca ha provato a fare qualcosa per gli inuit, ma la lotta è impari: un piccolo Paese di tre milioni di abitanti deve vedersela, su una questione tanto sfuggente, con Greenpeace e i suoi facili slogan.

Qualche tempo fa è venuta a Tasiilaq una nave dell'organizzazione. Credo volessero dimostrare che non avevano nulla contro di noi, e che erano in buoni rapporti con la popolazione locale. C'erano le telecamere di diversi Paesi europei, e una troupe di giornalisti venuta apposta per raccontare lo sbarco di Greenpeace.

La nave era enorme, lunghissima, con un arcobaleno sulla fiancata e un elicottero pronto a decollare. Era talmente bella che i ragazzi quasi si erano dimenticati di chi fosse, e ci giravano attorno con le barchette per guardarla da vicino. A un certo punto abbiamo capito che il loro scopo era raccogliere dati sulla temperatura dell'acqua. Hanno calato un termometro in acqua senza alcun accorgimento: me l'hanno raccontato i giornalisti ridacchiando. Dopo qualche minuto l'hanno tirato fuori e hanno detto che segnava una temperatura più alta del normale. Il riscaldamento globale peggiorava, e meno male che c'erano loro a battersi. Da qui hanno proseguito con l'elicottero verso la calotta polare per fare altri rilievi.

Sono rimasto impressionato dal dispiego di mezzi: televisioni di tutto il Nordeuropa, dall'Olanda alla Germania, sono rimaste per diversi giorni a testimoniare l'impegno dell'organizzazione.

Poi è successa una cosa molto brutta.

Un giovane cacciatore era fuori con la sua barchetta in un fiordo e cercava le foche con il cannocchiale. Non si era accorto della nave di Greenpeace, o semplicemente non aveva dato peso alla situazione, visto che stava facendo il suo solito lavoro. All'improvviso si è visto circondato da due enormi gommoni che hanno cominciato a girargli intorno minacciosamente.

Il ragazzo non parlava inglese, non capiva che cosa gli urlassero ed era spaventato. Al che ha lasciato perdere la foca, ha messo in moto e si è allontanato in fretta. Nel giro di pochi secondi è comparso l'elicottero di Greenpeace sulla sua testa.

È tornato a casa traumatizzato, poi è andato dalla polizia a raccontare quello che era successo, ma l'agente gli ha detto che non poteva fare nulla: lui era da solo, mentre quelli avevano una nave enorme, a cui tra l'altro era stato proibito avvicinarsi.

Il giorno dopo il ragazzo è venuto da me. Siamo tornati dalla polizia e abbiamo chiesto di poter organizzare una piccola manifestazione pacifica per far sapere a quelli di Greenpeace che avevano sbagliato. Abbiamo avuto il permesso di manifestare, a patto che non toccassimo le barche, come se poche barchette di quattro o cinque metri potessero qualcosa contro una nave di quelle dimensioni.

Alcuni amici hanno anche filmato la manifestazione: volevo fare un piccolo reportage da mandare in giro per il mondo, per far conoscere la posizione degli indigeni riguardo a Greenpeace. A ogni modo, l'enorme nave è rimasta solo il tempo di fare rifornimento, poi è scappata.

Eravamo Davide contro Golia. Noi avevamo un filmato amatoriale, e loro dicevano che non c'era stata alcuna contestazione, e che non avevano aggredito il pescatore. Naturalmente, sui giornali è finita solo la loro versione. Nessuno sembrava interessato a conoscere il nostro punto di vista.

Ritengo che Greenpeace dovrebbe chiedere scusa, o perlomeno cercare una soluzione, organizzare un convegno per capire come aiutare il popolo che sta contribuendo a far estinguere. Nell'ultimo secolo noi bianchi abbiamo eliminato tante minoranze, non possiamo continuare a ripetere lo stesso errore. Si parla tanto, e a ragione, di sviluppo sostenibile: ma gli inuit, in tutto questo, che ruolo o che colpa hanno?

18

Il rispetto della morte

«Voglio molto bene a Robertì, per me è come se fosse sempre vissuto tra di noi. Però mi dispiace tanto per lui.»

«Perché ti dispiace per lui? Che cosa è successo?»

«Per spiegartelo ti devo raccontare una storia.»

«Ti prego, raccontamela.»

«Robert ha una figlia come la intendete voi, ma anche qui c'era una ragazza a cui voleva bene come a una figlia. L'aveva sempre seguita e aiutata. Durante un'escursione, però, la ragazza si è rotta una gamba: gli amici che erano con lei hanno costruito una tenda per metterla al riparo, le hanno lasciato cibo e coperte e sono tornati al villaggio per cercare aiuto.»

«E poi cos'è successo?»

«Quando sono tornati, il giorno dopo, non c'era più né la tenda né la ragazza. L'hanno cercata tanto, ma niente, nessuna traccia, era come svanita nel nulla.»

«E Robert?»

«Quando gliel'hanno detto, Robertì ha sofferto molto. È

andato anche lui a cercarla, per giorni e giorni. È per questo che non ha più potuto lasciare l'isola, penso. Perché la sua anima, l'anima della ragazza, è ancora qui e lui non può più lasciare la Groenlandia perché sarebbe come abbandonare la ragazza.»

Qualche tempo fa ho ricevuto una telefonata da una grande azienda turistica islandese. Volevano fissare un appuntamento per parlarmi di un progetto su larga scala, perché avevano individuato in me, in quanto fondatore della Casa Rossa, uno dei primi a promuovere lo sviluppo turistico della zona orientale. Sono sempre restio ad andare a questi incontri, perché di solito mi ritrovo a parlare con persone che hanno un'idea di turismo molto diversa dalla mia e vedono nella Groenlandia solo una nuova meta da mettere in catalogo.

Ogni tanto qualcuno mi chiede se mi sento responsabile per avere fatto conoscere luoghi inesplorati. È una domanda che mi sono posto anch'io, ma la verità è che si tratta di un processo inarrestabile: la tecnologia da una parte e, dall'altra, la voglia dell'uomo di andare sempre un po' più in là, spingono a cercare nuove destinazioni. È solo questione di tempo. La cosa importante, credo, non è quando il turismo arriva, ma *come*.

Sebbene spesso esca deluso da questi incontri, continuo ad andarci nella speranza di porre in qualche modo un freno all'approccio mordi e fuggi e di promuovere un modello di turismo più sostenibile.

Sta di fatto che ho accettato l'appuntamento con i

manager islandesi, i quali sarebbero stati almeno una decina, e anche questa volta il mio problema principale era trovare una giacca decente per non sembrare un vecchio eremita appena sceso dalla montagna: se uno nasce bianco, trent'anni di Groenlandia non bastano a cancellare i primi quaranta in cui è vissuto con l'idea che quando si va a una cena elegante bisogna farsi la barba.

Ho chiesto a un mio amico e collaboratore di qui di accompagnarmi, spiegandogli il senso dell'incontro.

«Non ne ho molta voglia», mi ha detto all'inizio.

«Sarà interessante, c'è gente importante, si tratta di grossi progetti...»

«Non ne ho voglia, Robertì, ho delle cose da fare qui. Ma se ti fa piacere...»

«Sì, mi fa piacere che tu venga, mi puoi dare una mano.»

«E allora d'accordo, ci vediamo qui domani mattina e andiamo.»

Il fiordo era ancora completamente ghiacciato e non c'era modo di raggiungere Kulusuk, dove avevamo appuntamento, se non in elicottero. È sempre uno spettacolo grandioso osservare questa distesa di ghiaccio dall'alto. Si vola lungo la costa perché è più caldo, e se c'è bel tempo l'aria è limpidissima e si riesce a vedere ampia parte dell'entroterra. È tutto così calmo e pulito che, nonostante il rumore delle pale, questo viaggio è un momento di pace meravigliosa.

Perso in questi pensieri, non avevo badato all'abbigliamento del mio amico. Indossava un paio di pantaloni della tuta che doveva avere usato per dipingere i muri di casa, viste le macchie di bianco e di rosso. Non portava le scarpe ma gli zoccoli, un giubbottino leggero sporco almeno quanto i pantaloni e una maglietta tutta lisa della Casa Rossa, piena di chiazze d'olio e di benzina.

«Cavolo, guarda come sei conciato», gli ho detto, un po' ridendo e un po' serio. «Ti avevo avvertito che dobbiamo incontrare gente importante...»

«Cosa vuoi dire?» replica lui senza capire.

«Che bisognava vestirsi bene. Vedi che mi sono messo la giacca?»

«È bella la tua giacca, Robertì», si è complimentato.

«Sì, ma anche tu avresti dovuto metterti qualcos'altro. Anche solo una cosa pulita, no?»

«Perché? Sono loro che vengono a trovarci. Io sono così, e poi mica guardano i vestiti. Siamo qui per parlare della Casa Rossa, non per vendere le nostre giacche.»

«Loro li guardano i vestiti, te lo garantisco.»

«Sei sicuro, Robertì? E perché mai?» Mi fissava con occhi sbarrati, non riusciva a spiegarselo.

Ho lasciato perdere, e appena entrato nella sala con i manager, nella mia giacchetta costata forse un decimo di quella che indossavano loro, mi sono sentito un po' stupido. E il mio amico? Era perfettamente a suo agio, pescava le tartine dai vassoi e gironzolava con i suoi zoccoli per la hall di quell'albergo di lusso.

Questa è la natura degli inuit. I vestiti servono per proteggersi, le scarpe per tenere caldi i piedi, i guanti per non tagliarsi pulendo il pesce, il cappello per riparare la testa quando il vento soffia forte. Qui nessuno si mette in mostra, nessuno pensa di essere superiore: si porta in giro un sorriso e questo è.

È una forma di rispetto a trecentosessanta gradi: anche se questa parola non esiste nella lingua inuit, il concetto è ben radicato, nonché applicato spontaneamente a tutti in quanto esseri umani. Non c'è ruolo che meriti più rispetto di un altro: il manager vale come il povero; se lo sciamano sbaglia, non sarà degno di stima; se hai commesso errori sarai giudicato solo per quello che fai e sei oggi, qualunque sia la tua posizione.

Quello degli inuit è un rispetto talmente assoluto che può sfociare in comportamenti che, per chi non vive qui, potrebbero sembrare di una severità prossima alla crudeltà. Com'è successo a me qualche mese fa, in febbraio.

Mi sono svegliato la mattina molto presto perché avevo delle cose da sbrigare nel mio ufficio alla Casa Rossa. Da diversi giorni la temperatura durante la notte scendeva ben oltre i trenta gradi sottozero, e l'intero villaggio veniva spazzato dal *piterak*, che supera i cento chilometri orari. Il giorno prima una raffica di questo vento aveva sollevato un grosso pietrone che era finito sul parabrezza del mio fuoristrada rompendo il vetro in mille pezzi. Insomma, non avevo modo di percorrere quei pochi metri che mi separavano dalla Casa Rossa se non a piedi.

C'era la tempesta e non si riusciva quasi a camminare. Avevo i bastoncini e mi muovevo come faccio sempre in queste situazioni, cioè seguendo una sorta di itinerario fisso fatto di brevi tratti e alcune tappe per ripararmi dietro il muro di un casotto, appoggiarmi a un palo della luce e così via. Nulla di strano né di nuovo, ma quella mattina c'era un altro problema di cui non mi ero accorto: durante la notte la tempesta aveva trascinato due metri di neve fine e fresca sul sentiero, seppellendo la stradina e tutti i riferimenti che mi aiutavano a orientarmi. Non si vedeva niente, solo un paletto vicino alla casa, che ho preso come riferimento.

Faticavo a muovermi e a stare in piedi. Tentavo di fare presa con i bastoncini ma c'era troppa neve, e con quel vento non capivo neanche dove stessi appoggiando i piedi. Finché sono sprofondato: la neve era alta un paio di metri, non era battuta ed era finissima. Ci sono finito dentro e mi sono sentito risucchiare, come nelle sabbie mobili. Più mi muovevo, più m'imprigionava.

Mi sono ritrovato nella neve fino al collo, con la paura di iniziare a inghiottirla. Ho cominciato a muovere le braccia per cercare di nuotare, proprio come uno che sta per annegare: dovevo avvicinarmi a qualcosa che potessi afferrare per tirarmi fuori di lì.

Faticavo a respirare, mi facevano male i polmoni e mi sentivo stanco, quasi rassegnato. Pensavo all'ironia di morire sull'uscio di casa, lungo un sentiero, annegato in un banco di neve. Il vento si sarebbe fermato, mi sono detto, dovevo resistere, poi avrei ripreso a vedere e mi sarei salvato. Lo conosco quel vento, soffia a raffiche. Ho aspettato qualche minuto che si calmasse, e quando quel piccolo angolo di mondo in cui stavo per essere annientato è tornato familiare, ho ritrovato l'orientamento, ho scorto la casetta di un vicino e il paletto a cui avevo cercato di attaccarmi qualche minuto prima. Mi sono messo a nuotare come un pesce. A poco a poco ce l'ho fatta, muovendo le braccia e le gambe in quel lago di neve, con la testa fuori dalla superficie per non inghiottirla. Ho trovato un appiglio e mi ci sono aggrappato. Sono riuscito faticosamente a rimettermi in piedi e ad arrivare alla stradina di cinquanta metri che mi portava all'ufficio. Ero salvo.

In tutto questo, sono sicuro, me l'hanno confermato gli accenni sfuggiti a qualcuno nei giorni successivi, nonché una maggiore attenzione nei miei confronti, che i vicini mi abbiano visto. Mentre stavo annegando nella neve qualcuno mi stava guardando e non è intervenuto. Quanto sarà durato? Dieci minuti, mezz'ora? Ma nessuno è venuto a salvarmi.

Ancora qualche istante e probabilmente un amico mi avrebbe lanciato una corda per aiutarmi a uscire da quel gorgo, ma la ragione per cui nessuno è intervenuto subito è che volevano vedere quanto potevo resistere. Volevano capire se potevo farcela da solo. Quando un uomo sta per morire si vede – la testa smette di muoversi –, quindi avrebbero avuto ancora qualche minuto per intervenire.

Per quanto dura, è una filosofia di vita logica. È difficile da spiegare a chi viene da fuori: gli animalisti dicono che i cani dovrebbero essere più protetti e curati, e a nulla vale spiegare che nessuno vuole farli soffrire, e che abituarli a condizioni estreme è il modo migliore per aiutarli a sopravvivere.

So che i miei vicini non mi avrebbero lasciato morire: se avessero visto la testa sprofondare, sarebbero arrivati subito, ma hanno preferito che combattessi. Sanno che sono molto malato e volevano che vincessi da solo la mia sfida. È lo stesso spirito con cui fanno i loro scherzi: è una sorta di allenamento alla dura vita di qui.

Ma c'è anche altro: come potevano immaginare quello che stavo pensando nell'istante in cui sembrava che per me fosse finita? Personalmente, so benissimo quello che mi girava per la testa: prima la paura, poi la rassegnazione, finché il mio cervello è tornato lucido e ha recuperato la voglia di vivere. Allora ho aspettato che il vento si calmasse, altrimenti non avrei potuto ritrovare la strada.

Non ero un ragazzino e conoscevo i rischi, ma se fossi uscito proprio perché volevo farla finita?

Per loro le idee degli altri sono talmente importanti che rispettano anche il fatto che una persona abbia deciso di morire. Hanno stima fino all'ultimo della forza dell'uomo, pure nelle decisioni più estreme. Come quando mi hanno lasciato partire per l'altopiano, con tutti i rischi che l'impresa comportava. Se avessero capito che volevo morire mi avrebbero lasciato morire; se avessero capito che volevo salvarmi e da solo non ci riuscivo, mi avrebbero aiutato. È tutto molto chiaro, molto pulito.

Dopo questo incidente ho passato una giornata difficile: sono vecchio, avevo dolori dappertutto, il freddo mi era penetrato nelle ossa e non mi ha mollato per diverse ore. Ripensando a quanto ho resistito, a come mi sono difeso, mi rendo conto di quanto sono attaccato alla vita. Ci sono ancora tante cose che mi aspettano.

Seduto a casa, con una coperta addosso a tenermi caldo,

mi sono tornati in mente gli episodi della mia vita in cui ho sfiorato la morte, i compagni che ho perso: chi fa il mio mestiere deve mettere in conto queste cose.

A trent'anni ero sul Cervino con un amico, stavamo facendo la parete nordovest e siamo precipitati per duecentocinquanta metri. Il mio amico è morto sul colpo, io sono sopravvissuto, ma la polizia non poteva saperlo e ha annunciato ufficialmente il nostro decesso, in attesa di organizzare il recupero dei corpi. Sono venuti con l'elicottero, li ho visti avvicinarsi con i sacchi neri ma non mi potevo muovere, né fare segni.

Ho emesso una specie di latrato per fermarli prima che mi infilassero nella plastica. Mi hanno ricoverato d'urgenza in un ospedale svizzero, anche se ormai mi davano per spacciato. Un paio di giorni dopo mi hanno portato in Italia per farmi morire in pace, ma contrariamente alle previsioni ho cominciato lentamente a riprendermi, finché sono stato meglio.

Anche altre volte ho rischiato di non portare a casa la pelle. In quelle occasioni ho creduto che non avrei rivisto la mia famiglia. Mi sono chiesto spesso perché sono ancora vivo e quelli accanto a me sono morti. Non ci sono risposte. Penso che uno debba accettare la sfida e il compito che questa comporta: se hai la fortuna di vivere, ti devi impegnare per usare al meglio la tua vita.

Forse per questo sono in Groenlandia.

L'amico morto sul Cervino non può più fare niente, ed è come se dentro di me ci fosse una parte di lui che devo mettere a frutto perché continui in qualche modo a esistere.

Abbandonare l'alpinismo estremo per venire qui in Groenlandia mi ha aiutato a diventare un po' più umano, perché l'alpinista è un egocentrico che vede solo la vetta. Non c'è altro per lui, è una cosa quasi primitiva e stupida: fa solamente il suo, vuole riuscire, arrivare, più di ogni altra cosa.

Sono felice di non essere più quel tipo di uomo.

19

La sciamano che aveva avuto una figlia

Nella casa del vicino era successa una cosa molto brutta. Un suicidio.

Gli altri membri della famiglia erano scappati poche ore dopo, quando faceva ancora buio, abbandonando l'abitazione in fretta e furia, senza portarsi via niente.

Due anni dopo quelli del comune sono venuti con un trattore per tirare fuori la carne che era rimasta in cantina: aveva cominciato a puzzare e stava marcendo nonostante il freddo.

Gli operai hanno indossato una tuta bianca isolante e gli occhiali, ma non sono entrati. La carne l'hanno tirata fuori usando lunghi bastoni con un uncino all'estremità, stando bene attenti a non mettere piede nella cantina perché avevano paura.

In quella casa c'erano i demoni, troppe cose brutte erano successe, non si spiegava altrimenti.

Quando qualcuno si toglie la vita, nel villaggio se ne parla il meno possibile. Tutti ripetono: «Mi dispiace». Nessuno si permette di giudicare una scelta così personale, ma neppure di riflettere sui motivi. Qui si soffre in silenzio.

Credo che la facilità con cui i ragazzi si tolgono la vita in questa parte della Groenlandia sia ancora una volta frutto della loro cultura. Forse il fatto che nessuno dica: «Mio figlio», l'assenza di un rapporto proprietario tra genitori e figli fa sì che i ragazzi sentano meno il dovere di non commettere un gesto che farà soffrire i propri cari. Non lo so, è solo una teoria per tentare di venire a capo di tutta la sofferenza che vedo attorno a me. Un modo per renderla più accettabile, soprattutto a me stesso.

Il villaggio è piccolo e mi sforzo sempre di capire chi dei ragazzi è arrivato al limite. Allora lo vado a cercare, provo a dargli un lavoro per tenerlo impegnato, lo invito alla Casa Rossa e passo del tempo con lui. Non è granché, ma ho imparato che ci sono momenti in cui stare soli non va bene.

Nonostante la profonda amarezza in cui versa questo popolo, rimango sorpreso quando mi accorgo che la gente di qui non è mai diventata cinica. È come se non ci riuscisse, è una cosa troppo lontana dallo stupore e dall'incanto con cui guarda alla vita. Loro sono fatti così, e conservano questa attitudine anche se si trasferiscono altrove.

Tra le nuove generazioni, molti hanno vissuto per lunghi periodi in Norvegia o in Danimarca, ci hanno studiato, eppure restano legati alle proprie radici. Sono curiosi di vedere altri posti, e spesso quando torno in Europa porto con me qualche amico groenlandese, ma arriva sempre il momento in cui dicono: «Sai, Robertì, bello qui, grazie che mi hai portato, ma avrei proprio voglia di mangiarmi qualcosa di buono», e ogni volta hanno in mente un bel piatto di carne di foca.

Non so dire esattamente perché tornino in Groenlandia, ma penso che questo posto sia speciale. È talmente diverso dal resto del mondo che sentono di appartenervi. Sono visceralmente attaccati al paesaggio, alla caccia e al mare da non potervi rinunciare.

Non sono legati a un luogo in particolare, magari al loro villaggio, perché hanno mantenuto una natura nomade. Sono i panorami, le distese di ghiaccio, il colore della neve e del cielo a riempirli di nostalgia.

Un mio amico, per esempio, nel corso della sua vita si è spostato ogni anno di una decina di chilometri, una volta un po' più a nord e un'altra un po' più a sud. Nel suo stile di vita itinerante ha ormai coperto oltre quattrocento chilometri, ma non scambierebbe mai la costa orientale della Groenlandia con Oslo o Copenaghen.

Forse è anche una questione di abitudine: in tutta l'isola ci sono solo cinquantacinquemila abitanti, come potrebbero digerire i due milioni che popolano l'area di Copenaghen? Di questa voglia di tornare mi sono ammalato anch'io, nonostante i miei problemi di salute, il fatto di non poter più sciare e la fatica che mi costa fare anche solo qualche centinaio di metri a piedi. Sono certo che finirò per morire qui.

Come gli inuit, anch'io ho cercato di non cedere al cinismo. Solo che, da occidentale, ho dovuto impegnarmi, tempestato com'ero da famigliari, amici e colleghi che prendevano in giro la mia fiducia nel prossimo. Per la gente di qui, invece, la disponibilità all'ignoto è parte di loro. Ne sono testimone quasi quotidianamente, eppure continuo a stupirmi.

Un giorno stavo accompagnando una quindicina di ospiti della Casa Rossa in un'escursione in barca. Da Tasiilaq si possono seguire itinerari molto interessanti, ma non tutti i visitatori sono in grado di inforcare gli sci, quindi i ragazzi li portano a visitare i fiordi o le calette più belle con le loro barchette.

Quella volta mi sono aggiunto anch'io. La giornata scorreva serena e, diretti verso la calotta polare, ogni tanto attraccavamo per fare brevi escursioni a piedi in fiordi meravigliosi.

«Guarda, Robert», mi dice Gerthi, un amico e collaboratore. Indica un piccolo punto davanti a noi in cui si vedono tracce di insediamenti abbandonati che anni prima avevano forse costituito un villaggio. «Vedi quel cumulo di pietre? Io sono nato lì.»

«Ah, non lo sapevo, non me l'avevi mai raccontato.»

«Sì, proprio in quel punto. Ero un bambino, abbiamo vissuto per qualche tempo lì con i miei fratelli e tutti i miei parenti, poi ci siamo spostati alcuni chilometri più a nord.»

«E ci hai vissuto tanti anni?» chiedo.

«Non so esattamente, credo tre o quattro.»

«Ma ricordi qualcosa? O eri troppo piccolo?»

«No, me lo ricordo bene perché è stato un gran bel periodo per me. Eravamo bambini e giocavamo tutto il tempo a rincorrerci su quel prato. Una volta sono anche scivolato in mare e mia madre mi ha tirato su all'ultimo momento prendendomi per i capelli», aggiunge tutto allegro.

Gerthi non è un tipo qualunque, è stato vicesindaco a Tasiilaq, ha studiato e lavorato per il ministero delle Finanze groenlandese. Insomma, è uno che conosce il mondo, ha viaggiato e ha una figlia che vive in Norvegia. È anche molto cristiano, scrive canzoni che si cantano in chiesa la domenica e dipinge l'altare. Noi lo definiremmo una persona impegnata.

«È un peccato però. Non si vede più niente, ormai le case sono tutte sparite», osservo.

«No, non è vero, Robertì. Sì, quando ci vivevamo era diverso, ma se guardi bene ci sono ancora i ruderi. Lì, guarda, sulla destra, di fianco a quella roccia a punta.»

In effetti mi accorgo che qualche segno è rimasto.

«Che strano», dico, continuando a chiacchierare con lui, «sono passato mille volte di qui e non ci avevo mai fatto caso.»

Il mio amico sembra emozionato alla vista di quei luoghi, e mi viene un'idea.

«È presto, abbiamo ancora un'ora, perché non scendiamo a dare un'occhiata?» propongo agli ospiti, che sembrano ben contenti.

Giriamo il timone e ci infiliamo spediti nel piccolo fiordo. Arriviamo a ridosso della riva con la barca, la leghiamo agli scogli, ci arrampichiamo sulla roccia, e dopo pochi passi vediamo quattro o cinque ruderi sottoterra.

«Ti ricordi dove abitavi?» chiedo al mio amico.

«Sì, in quella casetta lì, sottoterra.»

E si mette a raccontare come si viveva in queste abitazioni, tira fuori un paio di aneddoti buffi, entra in uno dei buchi spiegando come erano disposti. I turisti lo guardano attoniti, faticano a credere che qualcuno potesse stare in uno spazio tanto angusto.

Il mio amico ci accompagna attraverso il villaggio e continua a raccontare. Indica una casetta dove abitavano cinque bambini, un'altra in cui stava l'amico con cui giocava tutti i giorni. I nostri ospiti sono sempre più colpiti.

A un certo punto vedo una casetta piccolissima, anche per gli standard locali. «È davvero minuscola! Chi viveva in una casa così piccola?»

«Era quella dello sciamano», spiega.

«Ma era un grande sciamano? Era uno importante?»

«Be', non lo so, ero piccolo. Però sì, era bravo, gli volevo molto bene.»

«Certo che anche da solo, in una casetta così piccola, doveva essere dura...»

«In realtà non viveva da solo», mi confida un po' distrattamente.

«Ah, era sposato?»

«No, aveva una figlia.»

«Quindi aveva anche una moglie. Ci vivevano addirittura in tre?»

«No, non aveva una moglie, ci viveva con sua figlia», continua lui, sempre in inglese per farsi capire dai turisti.

«La moglie era morta? O la figlia era di qualcun altro?»

«No, era sua figlia. L'aveva avuta lui.»

Qualcosa mi sfugge, e vedo che lo stesso pensiero attraversa la mente degli altri. Forse c'è un problema di lingua, anche se il mio amico parla un ottimo inglese.

«Cioè? Spiegati meglio», gli chiedo. «Qualcuno aveva avuto la bambina e gliel'aveva affidata perché non poteva tenerla? È questo che vuoi dire? Ricordi cos'era successo?»

«Certo, mi ricordo benissimo. Lo sciamano aveva avuto questa figlia e avevano vissuto insieme per alcuni anni. Poi non so, noi ci siamo spostati e loro sono andati da un'altra parte.»

Continuo a non capire. Poi ho un'illuminazione.

«Ah, era uno sciamano donna!»

«No, era un uomo, Robertì», ribatte lui stupito.

«Ma se era un uomo, come poteva avere avuto una figlia?»

I turisti ci guardano sempre più incuriositi, ascoltando attentissimi il nostro scambio surreale.

Allora Gerthi, calmissimo, guarda prima verso di me e poi verso il suo pubblico, e con estrema semplicità spiega: «Non c'è niente di strano. Qui ha concepito la figlia», dice indicando il suo braccio destro, «e dopo un paio di mesi, quando è venuto il momento, lo sciamano l'ha partorita dalla mano sinistra».

Il mio amico era tranquillo, serissimo. Ho fatto cenno ai turisti di non ridere, poi ho guardato l'ora e ho proposto di tornare a casa, tanto non saremmo venuti a capo della situazione: per lui la bambina era nata in quel modo, non gli interessava sapere se fosse possibile o meno. L'aveva visto, quindi era accaduto.

A noi occidentali potrebbe sembrare credulità, invece

per me è un grande pregio del popolo inuit. Se noi parliamo di cose non verificate, usiamo formule cautelative come «si racconta», «mi hanno detto» eccetera. Il mio amico, invece, ha affermato «è stato così» con il tono di chi stava dicendo un'ovvietà. Senza una parola in più o una parola in meno.

Arrivati a casa, noi «bianchi» abbiamo discusso dell'episodio, e ho raccontato ai turisti altre situazioni in cui avevo fatto presente al mio interlocutore che la sua versione era inverosimile.

«Se non ci credi, Robertì, è un *tuo* problema. Per me è così e basta», era stata quasi sempre la risposta.

Gerthi non è certo un primitivo, conosce il mondo, ha letto tanti libri e parla le lingue, ma evidentemente preferisce il luogo e il tempo in cui è cresciuto.

Con gli anni ho smesso di chiedermi che cosa è vero o è falso, e ciò non significa che ho abbandonato la razionalità: è più che altro il desiderio di integrare il mio modo di ragionare, la mia impostazione mentale, con una visione delle cose diversa, ma che ha permesso a questo popolo di sopravvivere là dove io sarei durato una settimana. La fiducia nell'impossibile ha fatto sì che gli inuit superassero prove durissime con il sorriso stampato in faccia. Perché sono aperti a una realtà più ampia, più ricca, più variegata, anche quando è difficile da spiegare. E poi, mi chiedo, è davvero necessario capire tutto?

Ricordo la prima volta che sono uscito con un pescatore.

Era una bellissima giornata d'inverno, c'era il sole, e ci siamo addentrati con la slitta nella pianura ghiacciata per almeno trenta chilometri. I cani seguivano le indicazioni del mio amico, io riflettevo sul percorso e lo osservavo attentamente per capire quali valutazioni stesse facendo. In fin dei conti non era una gita, dovevamo pescare, c'era la sua famiglia da sfamare.

In alto, sole e ancora sole. In basso, i cani che correvano veloci e potenti sul ghiaccio. Una scena incantevole.

A un certo punto, di colpo, il mio amico ha fermato la slitta, ha appoggiato un piede a terra, si è guardato intorno per qualche secondo e poi si è messo a fare buchi nel ghiaccio.

«Perché ora? Perché qui?» gli ho domandato. Volevo capire. Che razza di groenlandese potevo essere se non sapevo pescare?

«Perché qui ci sono le foche», ha risposto lui, stupito che gli stessi domandando una cosa tanto ovvia.

La tecnica di pesca tradizionale consiste nel praticare due buchi nel ghiaccio a distanza di circa quattro metri l'uno dall'altro. Con un cordino si cala un arpione sotto il livello del mare, in modo da fissare una rete tra i due buchi. L'arpione è uno strumento semplice ma molto ingegnoso, perché ha sia la punta di ferro che lo manda a fondo, sia la struttura di legno che lo fa risalire a galla in corrispondenza dell'altro buco.

«Ma perché qui, che siamo a otto chilometri dal paese e non qualche metro più in là o cento metri a sinistra?» ho insistito.

«Vedrai, Robertì, la foca è qui, lo so.»

«Ma potresti andare cento metri più in là, no?»

«No, lì non ci sono le foche.»

Ogni padre ha insegnato al proprio figlio a pescare in questo modo, è un'arte che si tramanda da millenni e qualsiasi cacciatore sa esattamente dove fare i buchi. Per noi è impossibile: ci ho provato, e dopo due ore non ero ancora riuscito a fare un buco che loro scavano in un paio di minuti.

Una volta che l'arpione è immerso nell'acqua, tirano il cordino e attaccano una rete di un metro e mezzo per sette-otto metri. Le maglie sono abbastanza larghe, in modo che la foca passi, metta la testa nel buco e rimanga impigliata. A quel punto i cacciatori la lasciano intrappolata una o due notti, controllando continuamente, finché muore.

«Sì, guarda, è proprio qui», dice il mio amico a me che sto ancora rimuginando.

Sarà l'intuito, sarà l'insegnamento, sta di fatto che la foca c'era e due giorni dopo l'abbiamo mangiata tutti insieme.

Ripensandoci, allora facevo tanto lo scettico, ma ero la stessa persona che per tutta la vita aveva dato credito ai detti dei montanari dei masi, che riconoscevano l'arrivo del maltempo da un dolore reumatico o la fine della bella stagione dal colore di una foglia.

Non ero della generazione del GPS, non avevo un'auto che mi diceva in ogni istante da che parte andare e quanto distava la meta: dovevo farcela da solo. Certo, le mie scelte erano programmate, ma era l'elemento umano a fare la differenza, era la mia capacità di adattamento a salvarmi.

Quando sono stato nel deserto, a un certo punto mi sono fermato e mi sono chiesto che cosa ci facessi lì, e come ne sarei uscito. Poi ho cominciato a osservare, ad ascoltare il sibilo della sabbia, al che ho trovato alcuni punti di riferimento e mi sono affidato all'istinto più che alla cartina. La situazione in cui mi trovavo mi costringeva a sfruttare tutte le mie abilità, a risvegliare quelle dormienti, a diventare un animale capace di trovare l'acqua, di resistere al caldo di giorno e al freddo di notte.

Non so se ho mai creduto allo sciamano che aveva cresciuto il feto nell'avambraccio e poi l'aveva partorito dalla mano, ma dopo avere visto gli inuit pescare, dopo avere osservato con quale sicurezza sanno dove farlo, senza alcuno strumento se non l'esperienza secolare del proprio popolo, ho capito che se qualcosa non si capisce non è per forza sbagliato. A volte bisogna semplicemente abbandonarsi all'irrazionale.

Epilogo

L'isola è in noi.

Io penso una cosa: se vuoi veramente sapere di più di te stesso, devi andare da solo.

Se uno prende in mano due sassi diversi tra loro può tenerli vicini, cercare i punti in cui possono stare l'uno accanto all'altro, e quando trova la giusta posizione, zac, ha fatto. Ma se uno vuole che siano davvero vicini vicini, deve prima studiarli, guardarne con attenzione la forma, conoscerne gli spigoli, le curve e le asperità. Quando ha osservato a lungo le configurazioni dell'uno e dell'altro, a quel punto può provare a farli combaciare nel modo migliore possibile. Quello è il momento giusto.

Vale anche per gli uomini. Prima di creare una vera unione, un uomo deve lavorare su se stesso, partire e andare, lasciare il mondo per potervi tornare. Da solo, però, perché la solitudine, quella positiva, è qualcosa che, nell'abbandono degli altri, ci permette di rientrare nel gruppo come persone migliori.

Un giorno sono arrivati alcuni libri da Copenhagen, e abbiamo creato una piccola biblioteca. Ce li prestava il governo danese per la popolazione locale. Sono tante le attività che la Danimarca avvia per gli indigeni, ma il problema rimane sempre quello di capirsi, di trovare un terreno comune su cui costruire un futuro. Qui in Groenlandia ci sono le scuole ma non le università, e la maggior parte dei posti di lavoro qualificati va a professionisti danesi che considerano l'isola una scomoda stazione di passaggio da cui scappare al più presto.

A ogni modo, il maestro del paesino di Isortoq ha creato una piccola biblioteca per i bambini, che sembravano molto interessati. Per qualche tempo i libri sono andati e venuti, c'era un regolamento che permetteva di prenderli a rotazione. Niente di diverso da come funzionano le biblioteche di tutto il mondo, ma a un certo punto i volumi non sono più tornati.

Prima ha notato che stavano diminuendo di numero, poi che cominciavano a scarseggiare.

Strano, ha pensato il maestro, bisogna che ricordi ai bambini di riportarli indietro, forse non hanno capito come funziona il sistema.

«Bambini, dovete riportarmi i libri, servono anche agli altri», ha detto loro.

«Sì, sì, certo, glieli portiamo, scusi maestro», hanno risposto.

Passato qualche giorno, nessuno ha riportato niente. Allora il maestro ha di nuovo parlato ai bambini e ha ricordato loro che dovevano assolutamente restituire i libri che avevano preso. Erano di tutti, e non doveva essere lui a ricordarglielo.

«Sì, sì, li portiamo, li portiamo, scusi maestro», hanno detto cordiali.

Ma anche questa volta i libri non sono tornati.

Fino a quel momento il maestro aveva usato un tono molto accondiscendente (erano pur sempre bambini), ma cominciava ad arrabbiarsi. Al che li ha presi da parte e ha detto loro che i libri appartenevano allo Stato, che tenerli era un furto e soprattutto che altri bambini li stavano aspettando.

A queste sue parole tutti hanno fatto un gesto qui ricorrente, che consiste nell'alzare le spalle. Non significa «Non importa», come da noi, piuttosto «Boh, non lo so, chissà cos'è successo».

«Come non lo sapete? Chi ha portato a casa quei libri saprà dove li ha messi, no? Saranno sotto un tavolo o dietro il divano. Andate a cercarli e riportatemeli.»

Il maestro e responsabile della biblioteca era furioso, e alla fine ha deciso di andare a riprenderseli di persona.

Dopo qualche ora è tornato con l'aria sconsolata.

«Cos'è successo?» gli ho domandato quando l'ho visto. Allora mi ha raccontato tutta la storia della biblioteca e della sparizione di libri. Aveva parlato con le mamme dei bambini, le quali prima avevano negato di avere visto i libri, poi, di fronte alle sue insistenze, avevano candidamente ammesso di averli gettati nella spazzatura.

«Perché? Sono cose di valore, erano solo in prestito», aveva detto alle donne.

Per tutta risposta gli era stato spiegato che sì, studiare era bello ed erano contente che i figli imparassero a leggere e a scrivere, ma portava via tempo per imparare a fare quello che ogni madre aveva appreso dalla propria madre, e che se i bambini avessero voluto studiare avrebbero dovuto lasciare il villaggio. E infine, che non c'era una vita per quelli come loro in Europa.

Nel mio lavoro qui alla Casa Rossa incontro di continuo situazioni simili. È difficile insegnare le nostre regole a chi per secoli ne ha avute di completamente diverse. Forse non sarebbe neanche necessario, se li avessimo lasciati liberi di vivere come volevano. È dura abituarli, eppure non mi arrendo, perché ho capito che l'unico modo che hanno per sopravvivere all'arrivo dei bianchi è avere un lavoro, una forma di sussistenza alternativa alla tradizione della caccia e della pesca.

Aiutarli a uscire da certi meccanismi mentali è l'aspetto più difficile del mio lavoro. Una decina di giorni fa è sparito un ragazzo con problemi di alcolismo a cui avevo dato un lavoro. Nessuno l'ha visto, nessuno sa dove sia. Capita abbastanza spesso, per loro è molto complicato abituarsi all'idea del lavoro quotidiano, a rimanere fermi nello stesso posto per troppo tempo.

Quando noto che si stanno allontanando, vado da loro e chiedo: «Dove vai?»

«Non lo so.»

«Perché te ne vai se non sai dove?»

«Non lo so, però sento che devo andare.»

Scendono in paese, vanno a caccia o a trovare qualche

parente in un altro villaggio: i geni di migliaia di generazioni nomadi non si cancellano in trent'anni. Che cosa faremmo noi bianchi se da un giorno all'altro ci dicessero che tutto quello che abbiamo fatto finora è vietato? Se venisse qualcuno da fuori e ci comunicasse che da oggi la carne e il pesce sono aboliti e bisogna mangiare solo fiocchi d'avena? Probabilmente cercheremmo di mantenere ugualmente le nostre abitudini.

Altrettanto difficile è spiegare il concetto di risparmio a un popolo che non ha mai messo da parte niente. Qui come altrove ci sono le basse stagioni, e quando la Casa Rossa torna a essere solo un centro sociale, spesso gli abitanti del paese vengono da me disperati perché hanno speso tutti i soldi guadagnati durante l'estate.

Da qualche anno provo a convincerli ad accettare una sorta di rateizzazione della paga, ma ci vuole tempo e non è facile.

«Se invece di darti dodicimila euro in tre mesi te ne do mille al mese per tutto l'anno, tu avrai la stessa cifra e intanto non rischi di rimanere in bolletta, ok?»

«Sì, Robertì, che bella idea.»

«Be', allora questo mese ti do mille, d'accordo?»

«Però scusa, mille per un mese è troppo poco. Perché devo prenderne solo mille se prima me ne davi tremila?»

«D'accordo, ricominciamo...»

È facile per noi dire che gli inuit sono arretrati, ma l'anno scorso si è rotta la stufa in casa mia – non capita così di rado – e nella mia stanza ci sono stati meno sedici gradi per un paio di giorni. È facile dire che non devono cacciare perché le balene sono belle o le foche sono carine con quei loro musini. A chi critica gli inuit ogni tanto mi verrebbe da ribattere di venire un inverno a Tasiilaq, e forse dopo qualche mese al gelo comincerebbe a riconsiderare le proprie opinioni su questo popolo e sul coraggio che ha dimostrato.

Credo che oggi la Danimarca sia più lontana che mai dagli inuit. Qui il cuore è tutto, i soldi sono niente e chi non è un idealista un po' strambo come me non riuscirà mai a capire questo popolo.

Ho sempre visto la loro civiltà come uno specchio. Venire in Groenlandia mi ha permesso di riflettere sulla mia vita: prima facevo lo stupido, poi mi sono reso conto di essere la caricatura di un eroe. Quale direzione stava prendendo la mia vita? Che cosa c'era di umano in quello che facevo? Non era altro che una continua corsa a superare record. Finita una missione, avevo bisogno di una sfida più grande e poi di un'altra più grande ancora.

Invece vedevo gli inuit fare una vita completamente diversa, e mi sembrava che nella loro semplicità fossero quelli i veri eroi. Ho lottato per loro e con loro, e la mia vita è cambiata. Grazie a questo popolo sono cambiato anch'io.

Trasferirmi qui mi ha permesso di liberarmi di tanti fardelli e schemi mentali. Mi sono alzato in piedi e ho guardato al di là del solito orizzonte. Non ho cambiato realtà, ho ritrovato il mondo come mi figuravo dovesse essere da ragazzino, quando stavo sdraiato nel salotto di casa e mi chiedevo perché tutti mi considerassero uno stupido. Sono stato criticato e spesso deriso dai miei amici, credo mi vedessero come un matto o un esaltato. Io invece pensavo che rinunciare a tante cose mi aveva reso felice, forse molto più di loro che avevano così tanto.

Quello che è cambiato in me, prima di tutto, è l'atteggiamento verso le altre persone, nel senso più ampio possibile. Stare a contatto con il popolo inuit mi ha insegnato che ci sono tante verità, e noi bianchi sbagliamo a volerne conoscere solo una, la nostra.

Trent'anni fa, quando sono arrivato in Groenlandia, ero scettico nei confronti di molte cose che sentivo raccontare qui, ma oggi mi capita spesso di constatare che hanno ragione loro.

Prima tentavo sempre di trovare una formula, una soluzione a un problema. Volevo tenere tutto sotto controllo, mentre loro mi hanno trasmesso l'abitudine di fidarmi dell'intuito, di andare a cercare il senso più profondo e più umano delle cose.

Ho impiegato del tempo a decidere di trascorrere la seconda parte della mia vita qui, ho esitato a lungo. Pensavo alla mia famiglia, che era in Italia, ma a un certo punto ho capito che sarei stato più utile in Groenlandia, e non mi sono mai pentito di questa scelta.

Negli anni ho capito che non avevo altra possibilità: se non avessi seguito la mia natura sarei diventato un uomo peggiore. Sono sempre stato un tipo un po' strano, e nella società organizzata da cui provengo mi sentivo un pesce fuor d'acqua.

Penso che molti nel mondo sviluppato provino la stessa sensazione di spaesamento, ma non credo di rappresentare un esempio per nessuno. La Groenlandia non è la terra promessa, e pochi potrebbero imitare la mia scelta. Credo però che noi, uomini bianchi, siamo di fronte a un passaggio epocale, perché il nostro modello di vita è sempre meno sostenibile. Vengono tanti giovani occidentali qui alla Casa Rossa, e molti di loro stanno cercando la chiave giusta per leggere il presente e costruire un futuro diverso da quello che hanno visto finora. Cominciano a capire che l'agio o il lusso non sono le risposte alle loro domande esistenziali. Io sono vecchio, di risposte non ne ho, ma li osservo e avverto che hanno bisogno di qualcos'altro.

«Il popolo inuit ce la farà, Robert?» mi chiedono le persone quando racconto quello che ho scritto in questo libro.

«No, non credo che ce la farà», è la mia risposta, purtroppo.

Penso che per loro sia finita.

Per sempre.

Il mondo è troppo violento per accettare che qualcuno non si adatti al nostro stile di vita. Alcuni ragazzi inuit riusciranno a integrarsi, magari qualcuno di loro racconterà di avere visto il nonno pescare in un buco nel ghiaccio o di avere sentito parlare di una bisnonna che era un grande sciamano e da bambina aveva domato un orso bianco cento volte più grande di lei. Qualcuno studierà sui libri di storia che in cima al mondo, in una zona tanto remota quanto ostile, viveva un popolo bizzarro che era sopravvissuto al clima estremo e alle privazioni, ma non all'arrivo della civiltà.

Qui la cultura è orale, ed è difficile sapere quanto della vita inuit verrà tramandato alle generazioni future. Questo libro vuole quindi essere il mio piccolo contributo a che non tutto vada perduto.

In libreria
(anche in ebook)

Matthieu Ricard
Jean-François Revel
Il monaco e il filosofo

Pierre Jouventin
Cuore di lupa

Adharanand Finn
Nati per correre

Felix Baumgartner
L'uomo che sfidò il cielo

Finito di stampare nell'ottobre 2013
presso ELCOGRAF S.p.A.
Stabilimento di Cles (TN)
Printed in Italy